AF389820

RELATION DU VOYAGE D'ESPAGNE.

CONTENANT

Une description exacte du Païs, des Meurs, des Coutumes, des Habitans, Privilegies, Inquisition, faite des Taureaux, Fontaines Extraordinaires, Montagne de Sel, Habillemens des Espagnols & des Espagnolles,

PHILIPPE IV,

Roi d'Espagne ce qui lui arrive à l'égard d'une Dame qu'il aimoit, & plusieurs autres Particularités, &c.

TOME SECOND.

A LA HAYE,
Chez JACOB van ELLINKHUYSEN,
Marchand Libraire au coin du Hoog-
straet, proche le Marché.

M. DCC. XV.

RELATION

DU

VOYAGE

D'ESPAGNE.

CINQUIE'ME

LETTRE.

MA derniere Lettre étoit si grande, & j'étois si lasse quand je
la finis, qu'il me fut impossi-
ble d'y ajouter quelques particularitez qui ne vous au-
roient peut-être pas déplu. Je vais, ma chere

A 2   Cou-

Coufine, continuer de vous dire celles de mon Voyage, puiſque vous le ſouhaitez.

J'arrivai tard à Lerma, & je reſolus d'attendre juſqu'au lendemain, pour aller voir le Château : Les Eſpagnols l'eſtiment à tel point, qu'ils le vantent comme une Merveille aprés l'Eſcurial, & veritablement c'eſt un fort beau lieu. Le Cardinal de Lerma, Favory de Philippe III. l'a fait batir. Il eſt ſur le penchant d'un côteau. Pour y arriver, on paſſe dans une grande Place entourée d'Arcades & de Galleries au deſſus. Le Château conſiſte en quatre gros Corps de logis, qui compoſent un quarré parfait de deux rangs de Portiques au dedans de la Cour : ils ne s'élevent guéres moins haut que le toiết, & empêchent que les Appartemens ayant des vûes de ce côté là. Ces Portiques fourniſſent les paſſages néceſſaires par les Veſtibules, les Eſcalliers, les Offices & l'entrée des Cours. Les fenêtres de toutes les Chambres donnent en dehors & regardent ſur la Campagne. Mais ce qui deshonore le Bâtiment, ce ſont de petits Pavillons qui ſont aux côtez de ces grands Corps de logis. Ils ſont faits en forme de petites Tours, qui ſe terminent en pointe de Clochers, & qui bien loin de ſervir d'ornement, ſervent à gâter tout le reſte. C'eſt la coûtume en ce Païsci, de mettre par tout ces ſortes de Colifichets, les Salles ſont ſpacieuſes ; les Chambres fort belles & fort dorées. Il y en a un
nom-

nombre prodigieux, & tout y paroît assez
bien entendu. Ce Château est accompagné
d'un grand Parc qui s'étend dans la Plaine.
Il est traversé d'un Riviere, & arrosé de
plusieurs ruisleaux; de grands Arbres qui
forment des Allées, bordent la Riviere;
& l'on y trouve aussi un Bois tres-agreable;
Je croi que c'est un sejour charmant dans
la belle Saison.

Le Concierge me demanda si je voulois
voir les Religieuses, dont le Convent est
attaché au Chateau. Je lui dis que j'en seroit tres aisé; de sorte qu'il nous fit passer
dans une gallerie, au bout de laquelle on
trouve une grille qui prend depuis le haut
jusqu'au bas. L'Abbesse ayant été avertie,
s'y rendit avec plusieurs Religieuses plus
belles que l'Astre du jour, caressantes, en-
jouées, jeunes, & parlant fort juste de
toutes choses. Je ne me lassois point d'être
avec elles, lorsqu'une petite Fille entra;
elle vint parler tout bas à l'Abbesse, qui
me dit ensuite qu'il y avoit dans leur Maison une Dame de grande Qualité qui s'y
étoit retirée; que c'étoit la Fille de Don
Manrique de Lara Comte de Valime &
fils ainé du Duc de Navara; qu'elle étoit
veuve de Don Francisco Fernandez de Ca-
tro Comte de Lemos, Grand d'Espagne &
Duc de Taureano; que lorsqu'elle sçavoit qu'il passoit par Lerma, des Dames
Françoises, ou quelqu'un de cette Nation,
elle les envoyoit prier de la venir voir; &

A 3

que

que ſi je le trouvois bon , elle m'entretien-
droit quelques momens. Je lui dis qu'elle
me feroit beaucoup d'honneur ; ainſi , cette jeune Enfant qui s'étoit fort bien acqui-
tée de ſa Commiſſion , fut lui rendre ma
réponſe.

Cette Dame vint peu aprés vêtuë comme les Eſpagnolles étoient il y a cent ans ;
elle avoit des Chapins , qui ſont des eſpe-
ces de Sandalles où l'on paſſe le Soulier , &
qui hauſſe prodigieuſement : mais l'on ne
peut marcher avec, ſans s'appuyer ſur deux
perſonnes. Elle s'appuyoit auſſi ſur deux
Filles du Marquis del Carpio ; l'une eſt
blonde, ce qui eſt aſſez rare en ces Païs-ici :
& l'autre a les cheveux noirs comme du
geais. En vérité leur beauté me ſurprit , &
il ne leur manque à mon gré que de l'em-
bon point. Ce n'eſt pas un defaut en ce
Païs , où ils aiment que l'on ſoit maigre, à
n'avoir que la peau & les os. La ſingulari-
té des Habits de la Comteſſe de Lemos me
parut ſi extraordinaire , que je m'en occu-
pai comme d'une nouveauté , elle avoit
une eſpece de Corſet de ſatin noir , decou-
pé ſur du Brocart d'or , & boutonné par de
gros Rubis d'une valeur conſiderable. Ce
Corſet prenoit auſſi juſte au col qu'un
Pourpoint ; ſes Manches étoient étroites
avec de grands ailerons autour des Epau-
les, & des Manches pendantes auſſi longues
que ſa Juppe , qui s'attachoient au côté
avec des roſes de Diamans. Un affreux
Vertu-

Vertugadin qui l'empéchoit de s'aſſeoir autrement que par terre, ſoûtenoit une Juppe aſſez courte de Satin noir, tailladée en batons rompus ſur du Brocard d'or. Elle portoit une Fraiſe & pluſieurs chaînes de groſſes Perles & de Diamans, avec des Enſeignes attachées qui tomboient par étages devant ſon corps; ſes cheveux étoient tout blancs, ainſi elle les cachoit ſous un petit Voile avec de la dantelle noire, toute vieille qu'elle étoit, car elle a plus de ſoixante & quinze ans. Il me ſembla qu'elle devoit avoir été extraordinairement belle; ſon viſage n'a pas une ride, ſes yeux ſont encore brillans; le Rouge qu'elle met & qui ranime ſon teint lui ſied aſſez bien, & l'on ne peut avoir plus de delicateſſe & de vivacité qu'elle en a; ſon eſprit & ſa perſonne, à ce qu'on m'a dit, ont fait grand bruit dans le monde; je la regardois comme une belle Antiquité.

Elle me dit qu'elle avoit eu l'honneur d'accompagner l'Infante lorſqu'elle épouſa le Roi Loüis XIII. qu'elle étoit une de ſes Menines, & des plus jeunes qui fuſſent auprés d'elle: mais qu'elle avoit conſervé une Idée ſi avantageuſe de la Cour de France, & qu'elle aimoit ſi fort tout ce qui en venoit, qu'elle étoit toûjours ravie quand ella en pouvoit parler. Elle me pria de lui dire des nouvelles du Roi, de la Reine, de Monſeigneur, & de Mademoiſelle d'Orleans. Nous allons voir cette Prin-

A 4 ceſſe;

cesse , ajoûta-t-elle avec un air de joye,
elle va devenir la nôtre , & l'on peut dire
que la France va enrichir l'Espagne. Je ré-
pondis à toutes les choses qui pouvoient
satisfaire à sa curiosité , & elle m'en parut
contente : elle me demanda comment se
portoit la veuve du Comte de Fiesque. Je
ne la connois pas par elle même , continua t-elle , mais j'étois amie particuliere
de son Mari , lorsqu'il étoit à Madrid pour
les interêts du Prince de Condé. Il étoit né
galant ; je n'ai pas connu de Cavalier ,
dont l'esprit fut mieux tourné ; il faisoit
bien des Vers , & je me souviens même
qu'il commença à ma priere une Comedie ;
où des personnes plus capables d'en juger
que moi , trouverent de fort beaux endroits ; elle auroit été admirable , s'il eût
voulu se donner la peine de la finir : mais
une fiévre lente , une profonde mélanco-
lie , & une veritable devotion , l'arrache-
rent tout d'un coup à l'Amour , & à tous
les plaisirs de la vie. Je lui appris que la
Comtesse de Fiesque étoit toûjours une des
plus aimables Femmes de la Cour,& qu'elle n'avoit pas moins de merite que feu son
Mari. Vous dites beaucoup , reprit-elle ,
& l'estime que le Prince de Condé avoit
pour lui , fait seule son Panegyrique. J'ai
eu l'honneur de connoître ce Prince dans
le tems qu'il étoit en Flandres , & que la
Reine de Suede y vint. Vous avez vû cette
Reine , dis-je en l'interrompant ; hé ,
Ma-

Madame, veüillez de grace m'informer de quelques particularitez de son humeur. J'en sçai, dit-elle, d'assez singulieres, & je me ferai un plaisir de vous les raconter.

Le Roi d'Espagne envoya Don Antonio Pimentel en qualité d'Ambassadeur à Stokolm, pour découvrir les intentions des Suedois, autant que cela lui seroit possible. Ils étoient depuis long-tems opposez à la Maison d'Autriche, & l'on ne doutoit pas qu'ils ne fissent de nouveaux efforts pour la traverser, dans le dessein de faire élire pour Roi des Romains le Fils de l'Empereur. On chargea Pimentel de conduire cette affaire delicatement. Il étoit bien fait, galant, spirituel, & il réussit beaucoup mieux que l'on n'auroit ôsé se le promettre. Il connut d'abord le genie de la Reine, il entra aisément dans sa confidence. Il demêla que la nouveauté avoit des charmes puissans pour elle ; que de cette foule d'Etrangers qu'elle attiroit à sa Cour, le dernier venu étoit le plus favorisé. Il se fit un Plan pour lui plaire, & il gagna si bien ses bonnes graces, qu'il étoit informé par elle même des choses les plus secrettes, & qu'elle devoit le moins lui dire ; mais on peut prendre tous ses avantages, quand une fois on a trouvé le chemin du cœur. Celui de la Reine se prévint à tel point pour lui, qu'il se rendit le souverain Arbitre des volontez de cette

 Prin-

Princeſſe, & par ce moyen il ſe mit bien-tôt en état d'écrire à l'Empereur & aux Electeurs des choſes ſi poſitives & ſi agréa-bles, qu'il leur fut aiſé de juger que le Conſeil de la Reine de Suede n'avoit aucu-ne part à la déclaration qu'elle faiſoit en faveur du Roi de Hongrie.

Cette intrigue étant conſommée, on croyoit que le Roi rappelleroit Pimentel, parce qu'il ne paroiſſoit aucune Affaire qui demandât la preſence d'un Ambaſſadeur. Mais s'il étoit inutile au Roi d'Eſpagne qu'il demeurât à Stokolm, la choſe n'é-toit pas égale du côté de la Reine, & elle ne negligea rien pour le conſerver auprés d'elle. Il la ſuivit dans tous les lieux où el-le alla depuis, & bien des Gens qui ſont toûjours la dupe des apparences, jugerent lors qu'elle quitta ſa Couronne à ſon Cou-ſin, qu'elle le faiſoit avec plaiſir, parce qu'elle avoit les yeux ſecs, & qu'elle eut le courage de haranguer les Etats avec beau-coup de force & d'éloquence : Mais le Pu-blic étoit dans l'erreur ſur les mouvemens ſecrets de cette Princeſſe. Son Ame dans ce même moment étoit penetrée de la plus vi-ve douleur ; elle étoit au deſeſpoir de ceder au Prince Palatin un Sceptre qu'elle ſe trouvoit digne de porter toute ſeule, & dont elle étoit légitime heritiere.

Ce Prince eut l'adreſſe de faire déclarer, que ſi elle vouloit ſe marier, elle le choiſi-roit pour ſon Epoux. Auſſi tôt que cette

de

declaration fut faite, elle commença de
souffrir de l'assujettissement dans lequel
on la mettoit, & d'un autre côté le Peuple
ne s'accommodoit pas d'être gouverné par
une Fille. Il étudioit plus ses défauts, que
ses belles qualitez. Le Prince y contribuoit
sous main ; la Reine qui étoit pénétrante
s'en apperçut, elle remarqua l'inclination
que l'on avoit pour lui, & les vœux que
l'on faisoit pour le voir sur le Trône ; elle
en eut de la jalousie. & de ce premier mou-
vement, elle passa à ceux d'une haine se-
crette dont elle ne pouvoit arrêter le cours.
La présence du Prince lui devint si insup-
portable, que s'en étant apperçû il se retira dans une Isle que l'on lui avoit donnée
pour son Appanage : Mais il ne fit cette dé-
marche qu'après avoir laissé de bons Mé-
moires à ses Creatures contre la conduite
de la Reine.

Lors qu'elle se vit delivrée d'un objet
dont la vûë la blessoit, elle ne ménagea
plus les Grands, ni les Affaires de son Royaume;elle suivit le penchant qu'elle avoit
pour les belles Lettres. Elle s'appliqua toute entiere à l'Etude. Son Esprit merveilleux
faisoit des progrés admirables dans les
Sciences les plus profondes ; mais elles lui
étoient moins nécessaires qu'une bonne
conduite pour ménager sa gloire & ses interêts. Il arrivoit souvent qu'après avoir
passé dans son Cabinet un certain nombre
de jours,elle en paroissoit ensuite si dégoû-

                    -tée,

tée, qu'elle traitoit les Auteurs d'ignorans, qui avoient l'esprit gâté, & qui gâtoient celui des autres; & quand les Seigneurs de sa Cour la voyoient dans cette disposition, ils l'approchoient avec plus de familiarité, & il n'étoit plus question que de goûter les plaisirs que l'Amour, les Comedies, le Bal, les Tournois, la Chasse, & les Promenades fournissent. Elle s'y donnoit toute entiere, rien ne pouvoit plus l'en tirer; mais elle ajoûtoit à ce defaut, celui d'enrichir les Etrangers aux dépens de son Etat.

Les Suedois commencerent d'en murmurer; la Reine en fut avertie, leurs plaintes lui parurent injustes, & peu respectueuses; elle en eut du dépit contr'eux, & elle fut si mal habile qu'elle s'en vengea contre elle même. En effet, à l'heure que l'on s'y attendoit le moins, & dans un tems où elle étoit encore en état de trouver des remedes moins violens, elle abandonna tout d'un coup sa Couronne & son Royaume à son Cousin; à ce Cousin, dis-je, qu'elle n'aimoit point, auquel elle souhaitoit tant de mal, & auquel elle fit tant de bien; elle ne croyoit pas que l'on pût en penetrer les motifs; elle pretendoit par ce grand trait de generosité, se distinguer entre les Heroïnes des premiers Siecles: mais en effet, la conduite qu'elle tint dans la suite, ne la distingua qu'à son desavantage.

On la vit partir de Suede vêtuë d'une maniere bizare, avec un espece de Just'au-

corps,

corps, une Juppe courte, des Bottes, un Mouchoir noüé au col, un Chapeau couvert de plumes, une Perruque, & derriere cette Perruque un Rond de cheveux nattez, tels que les Dames en portent en France lorsqu'elles sont coëffées, ce qui faisoit un effet ridicule. Elle défendit à toutes ses Femmes de la suivre ; elle ne choisit que des hommes pour la servir & pour l'accompagner : elle disoit même ordinairement qu'elle n'aimoit pas les hommes, parce qu'ils étoient hommes, mais qu'elle les aimoit, parce qu'ils n'étoient pas Femmes : il sembloit qu'elle avoit renoncé à Son Sexe, en abandonnant ses Etats, quoi qu'elle eut quelquefois des foiblesses qui auroient fait honte aux moindres Femmes.

Le fidelle Pimentel passa en Flandres avec elle ; & comme j'y étois alors, continua-t-elle, je l'y vis arriver ; il me procura l'honneur de lui baiser la main, & il ne falloit pas moins que son credit pour y parvenir ; car elle fit dire à toutes les Dames de Bruxelles & d'Anvers, qu'elle ne souhaitoit point qu'elles allassent chez elle. Elle ne laissa pas de me recevoir fort bien ; & le peu qu'elle me dit, me parut plein d'esprit & d'une vivacité extraordinaire : mais elle juroit à tous momens comme un Soldat, & ses paroles & ses actions étoient si libres, pour ne pas dire si peu honnêtes, que si l'on avoit moins respecté son Rang, on ne se seroit guere soucié de sa personne.

A 7   Elle

Elle difoit à tout le monde qu'elle fou-
haitoit paffionnément de voir le Prince de
Condé ; qu'il étoit devenu fon Heros, que
fes grandes actions l'avoient charmée ;
qu'elle avoit envie d'aller apprendre le métier de la Guerre fous lui. Le Prince n'a-
voit pas moins de curiofité de la voir, qu'elle en témoignoit pour lui. Au milieu de
cette commune impatience, la Reine s'arrêta tout d'un coup fur quelques formali-
tez , & fur quelques demarches qu'elle re-
fufa de faire, lorfqu'il viendroit la faluër.
Ces raifons l'empêcherent de la voir avec
les Ceremonies accoûtumées : mais un jour
que la Chambre de la Reine étoit pleine de
Courtifans, le Prince s'y gliffa : foit qu'elle
eût vû fon Portrait, ou que fon air martial
le diftinguât entre tous les autres, elle le
démêla & le reconnut: elle voulut auffi tôt
le lui témoigner, par des civilitez extraordinaires ; il fe retira fur le champ ; elle
le fuivit pour le conduire. Alors il s'arrêta,
& fe contenta de lui dire ces mots, *Ou tout ,
ou rien.* Peu de jours aprés, on ménagea
une entreveuë entre eux au Mail, qui eft
dans le Parc de Bruxelles. Ils s'y parlerent
avec beaucoup d'honnêteté & beaucoup de
froideur.

A l'égard de Don Antonio Pimentel, les
bontez qu'elle a euës pour lui, ont fait affez
de bruit pour aller jufqu'à vous ; & fi vous
les ignorez, Madame, je croi que je ne
dois pas vous en apprendre le détail, dont
j'ai

j'ay peut être été moy-même mal-infor-
mée. Elle se tût, & je profitai de ce moment pour la remercier de lacomplaisance
qu'elle avoit euë de me parler d'une Reine
qui m'avoit toûjours tant donné de curiosité. Elle me dit civilement que je la remer-
ciois, sans avoir lieu de le faire, & elle
s'informa ensuite si j'avois vû tout le Château de Lerma. Celui qui l'a fait batir dit-
elle, étoit Favori de Philippes III. dont les
circonspections de la Cour d'Espagne cau-
serent la mort ; J'ai toûjours dit qu'une
telle Avanture ne seroit jamais arrivée au
Roi de France.

Philippes III. dont je vous parle, continua-t-elle, faisoit ses Dépêches dans son
Cabinet. Comme il faisoit froid ce jour là,
on avoit mis proche de lui un grand Brasier, dont la reverberation lui donnoit si
fort au visage, qu'il étoit tout en eau, comme si on lui en eut répandu sur la tête : la
douceur de son esprit l'empêcha de s'en
plaindre, & même d'en parler : car il ne
trouvoit jamais rien de mal fait. Le Marquis de Pobar ayant remarqué l'incommo-
dité que le Roi recevoit par cette extrême
chaleur, en avertit le Duc d'Albe Gentilhomme de la Chambre, pour qu'il fit ôter
le Brasier : celui ci dit que cela n'étoit
point de sa Charge, qu'il falloit s'addresser
au Duc d'Uteda, Sommelier du Corps. Le
Marquis de Pobar, inquiet de voir souffrir
le Roi, & n'osant lui-même le soulager,

crainte

craindre d'entreprendre trop sur la Charge d'un autre, laissa toûjours le Brasier dans sa place ; mais il envoya chercher le Duc d'Useda, qui étoit par malheur allé proche de Madrid voir une maison magnifique qu'il y faisoit bâtir. On vint le redire au Marquis de Pobar, qui proposa encore au Duc d'Albe d'ôter le brasier. Il le trouva inflexible là dessus, & il aima mieux envoyer à la Campagne querir le Duc d'Useda ; de sorte qu'avant qu'il fut arrivé, le Roi étoit presque consumé, & dés la nuit même son temperamment chaud lui causa une grosse fievre avec une éresipelle qui s'enflamma ; l'inflammation dégenera en pourpre, & le pourpre le fit mourir.

Je vous avouë, ajoûta t-elle, qu'ayant vû dans mes Voyages d'autres Cours que la nôtre, je n'ai pû m'empêcher de blamer ces airs de ceremonie & d'arrangement, qui empêchent de faire un pas plus vîte que l'autre dans des occasions necessaires, comme étoit par exemple celle dont je viens de vous entretenir ; & je louë le Ciel, de ce que nous aurons une Reine Françoise, qui pourra établir parmi nous des coûtumes plus raisonnables. J'ai même quitté mes habits de Veuve, pour en prendre de *Bizarros* & de *Galas*, afin d'en témoigner ma joye. Je vous dirai, ma chere Cousine, que ces termes de Bizarros & de Galas signifient galands & magnifiques. La vieille Comtesse de Lemos aimoit à parler ; &

conti-

continuant son discours ; qui pourroit aussi manquer de se rejouir, dit-elle, de l'esperance de voir sur le Trône une seconde Reine Elisabeth, dont la bonté avoit rendu ses Sujets dignes de l'envie de toutes les autres Nations ; j'avois un proche parent qui connoissoit bien la grandeur de son merite, c'étoit le Comte de Villa Mediana. Ce nom-là, Madame, ne m'est pas inconnu, dis-je en l'interrompant, & j'ay oüi raconter qu'étant un jour dans l'Eglise de Nôtre Dame d'Atocha, & y ayant trouvé un Religieux qui demandoit pour les Ames du Purgatoire, il lui donna une piece de quatre Pistolles. Ah ! Seignor, dit le bon Pere, vous venez de délivrer une Ame. Le Comte tira encore une pareille Piece, & la mit dans sa Tasse. Voilà, continua le Religieux, une autre Ame délivrée ; il lui en donna de cette maniere six de suite ; & à chaque Piece le Moine se récrioit, l'Ame vient de sortir du Purgatoire. M'en asseurez-vous, dit le Comte : Oüi, Seigneur, reprit le Moine affirmativement, elles sont à present au Ciel. Rendez moi donc mes six Pieces de quatre Pistolles, dit-il ; car il seroit inutile qu'elles vous restassent ; & puisque les Ames sont dans le Ciel, il ne faut pas craindre qu'elles retournent en Purgatoire. La chose se passa comme vous venez de la dire, ajoûta la Comtesse, mais il ne reprit pas son argent ; car on s'en feroit un vrai scrupule parmi nous. La devotion au merite

rite des Meſſes & aux Ames du Purgatoire ,
nous paroît la plus recommandable : cela
eſt même quelquefois pouſſé trop loin ; &
j'ay connu un homme de Grande Naiſſance qui étant fort mal dans ſes Affaires , ne
laiſſa pas de vouloir en mourant qu'on lui
dit quinze mille Meſſes. Sa derniere volon-
té fut executée ; de ſorte que l'on prit cet
argent préférablement à celui qu'il devoit
à ſes pauvres Creanciers : car quelque le-
gitime que ſoient leurs dettes , ils ne ſçau-
roient rien recevoir, juſqu'à ce que toutes
les Meſſes qui ſont demandées par le Teſ-
tament ſoient dites.   C'eſt ce qui a donné
lieu à cette maniere de parler dont on ſe
ſert ordinairement , *Fulano a dejado ſu al-*
ma heredera ; ce qui veut dire , *Un tel a fait*
ſon Ame heritiere ; & l'on entend par là ,
qu'il a laiſſé ſon bien à l'Egliſe pour faire
prier Dieu pour lui.

Le Roi Philippe I V. ordonna que l'on
dit cent mille Meſſes à ſon intention ; voulant que s'il ceſſoit d'en avoir beſoin, elles
fuſſent pour ſon Pere & pour ſa Mere ; &
que s'ils étoient au Ciel , on les appliquât
pour les Ames de ceux qui ſont morts dans
les Guerres d'Eſpagne.

Mais ce que je vous ay déja dit du Comte
de Villa-Mediana , m'a fait ſouvenir qu'é-
tant un jour dans l'Egliſe avec la Reine Eli-
ſabeth, dont je viens de vous parler , il vit
beaucoup d'argent ſur l'Autel , que l'on
avoit donné pour les Ames du Purgatoire ;

il s'en approcha, & il le prit, en difant ;
mon Amour fera éternel, mes Peines fe-
ront auffi éternelles ; celles des Ames du
Purgatoire finiront ; helas ! les miennes
ne finiront point ; cette efperance les con-
fole ; pour moi je fuis fans efperance &
fans confolation ; ainfi ces Aumônes qu'on
leur deftine me font mieux deües qu'à elles. Il n'emporta pourtant rien, & il ne
dit ces mots que pour avoir lieu de parler
de fa paffion devant cette belle Reine qui
étoit prefente : car en effet, il en avoit une
fi violente pour elle, qu'il y a quelque fujet
de croire qu'elle en auroit été touchée, fi
fon auftere vertu n'avoit garenti fon cœur
contre le merite du Comte. Il étoit jeune,
beau, bien fait, brave, magnifique, galant & fpirituel, perfonne n'ignore qu'il
parut pour fon malheur dans un Caroufel
qui fe fit à Madrid, avec un Habit brodé
de piéces d'argent toutes neuves, que l'on
nommoit des Realles, & qu'il portoit pour
Devife,

Mis Amores son Realles.
Faifant une allufion du mot de *Re des*, qui
veut dire Royales, avec la paffion qu'il
avoit pour la Reine : Cela eft plus fin en
Efpagnol, & veut dire en François :

Mes Amours sont Royales.
Le Comte Duc d'Olivarez, Favori du
Roi, & l'ennemi fecret de la Reine & du
Comte fit remarquer à fon Maitre la te-
merité d'un Sujet qui ofoit jufqu'en fa pre-
fence

sence déclarer les sentimens qu'il avoit
pour la Reine, & dans ce moment il per-
suada au Roi de s'en venger. On en attendoit une occasion qui ne fît point d'éclat;
mais voici ce qui avança sa perte : Comme
il n'appliquoit son Esprit qu'à divertir la
Reine, il composa une Comedie que tout
le Monde trouva si belle, & la Reine plus
particulierement que les autres, y décou-
vrit des traits si touchans & si delicats,
qu'elle voulut la joüer elle même, le jour
qu'on celebroit la Naissance du Roi. C'é-
toit l'amoureux Comte qui conduisoit
toute cette Fête ; il prit soin de faire faire
les Habits, & il ordonna des Machines qui
lui coûterent plus de trente mille Ecus. Il
avoit fait peindre une grande Nuée, sous
laquelle la Reine étoit cachée dans une Machine. Il en étoit fort proche ; & à certain
signal qu'il fit à un Homme qui lui étoit
fidele, il mit le feu à la Toile de la Nuée.
Toute la Maison qui valoit cent mille Ecus
fut presque brûlée ; mais il s'en trouva
consolé, lorsque profitant d'une occasion
si favorable, il prit sa Souveraine entre ses
bras, il l'emporta dans un petit Escalier,
il lui déroba là quelques faveurs ; & ce
que l'on remarque beaucoup en ce Païs ici,
il toucha même à son pied. Un petit Page
qui le vit, en informa le Comte Duc ; il
n'avoit pas douté quand il apperçut cet in-
cendie, que ce ne fût là un effet de la passion du Comte. Il en fit une perquisition
si exacte,

ſi exacte qu'il en donna des preuves certaines au Roi ; & ces preuves ralumerent
ſi fort ſa colere que l'on prétend qu'il le fit
tuer d'un coup de Piſtolet, un ſoir qu'il
étoit dans ſon Caroſſe avec Don Louis de
Haro. On peut dire que le Comte de Villa-
Mediana étoit le Cavalier le plus parfait de
Corps & d'eſprit que l'on ait jamais vû, &
ſa memoire eſt encore en recommandation
parmi les Amans malheureux.

Voilà une fin bien funeſte, dis-je en
l'interrompant ; je ne penſois pas même
que les Ordres du Roi y euſſent contribué,
& j'avois entendu dire que ce coup avoit
été fait par les Parens de Dona Franciſca de
Tavara Portugaiſe, laquelle étoit Dame
du Palais, & fort aimée du Comte. Non,
continua la Comteſſe de Lemos, la choſe
s'eſt paſſée comme je viens de vous la dire :
& pendant que je vous parle de Philippe
I V. dit-elle, je ne puis m'empêcher de
vous conter qu'une des Perſonnes qu'il a
aimée avec le plus de paſſion, c'étoit la
Ducheſſe Dalburquerque. Il ne pouvoit
trouver un moment favorable pour l'entretenir. Le Duc ſon mari faiſoit bonne
garde ſur elle ; & plus le Roi rencontroit
d'obſtacles, plus ſes deſirs augmentoient :
mais un ſoir qu'il joüoit fort gros Jeu, il
feignit de ſe ſouvenir qu'il avoit une Lettre
à écrire de la derniere conſequence. Il ap-
pella le Duc Dalburquerque qui étoit dans
ſa chambre, & il lui dit de tenir ſon Jeu ;
Auſſi-

Auſſi-tôt il entra dans ſon Cabinet, prit un Manteau, ſortit par un Degré dé-robé, & fut chez la jeune Ducheſſe avec le Comte Duc ſon Favori. Le Duc Dal-burquerque qui ſongeoit à ſes interêts Domeſtiques, plus qu'au jeu du Roi, crut aiſément qu'il ne lui en auroit pas donné la conduite, ſans quelque deſ-ſein particulier. Il commença donc de ſe plaindre d'une Colique horrible ; & fai-ſant des cris & des grimaces à faire peur, il donna les Cartes à un autre, & ſans tar-der il courut chez lui. Le Roi ne faiſoit que d'y arriver ſans aucune Suite ; il étoit même encore dans la Court ; & voyant venir le Duc, il ſe cacha ; mais il n'y a rien de ſi clair-voyant qu'un Mari jaloux. Celui-ci apperçût le Roi ; & ne voulant point que l'on apportât des Flambeaux pour n'être pas obligé de le reconnoître, il fut à lui avec une groſſe canne qu'il por-toit ordinairement : Ha, ha, Marault, lui dit il, tu viens pour voler mes Caroſ-ſes ; & ſans autre explication, il le batit de toute ſa force. Le Comte Duc ne fut pas non plus épargné ; & celui-ci crai-gnant qu'il n'arrivât pis s'écria pluſieurs fois que c'étoit le Roi, afin que le Duc arrêtât ſa furie : Bien éloigné, il en redou-bloit ſes coups, & ſur le Prince, & ſur le Miniſtre, s'écriant à ſon tour, que c'é-toit là un trait de la derniere inſolence, d'employer le Nom de ſa Majeſté & de ſon

Fa-

Favori dans une telle occasion : qu'il avoit
envie de les mener au Palais , parce qu'affurément le Roi les feroit pendre. A tout
ce vacarme le Roi ne difoit point un mot,
& il se sauva enfin demi defesperé , d'a-
voir reçû tant de coups , & de n'avoir eu
aucunes faveurs de fa Maîtresse. Cela n'eut
pas même des fuites fach ufes pour le Duc
Dalburquerque : au contraire , le Roi
n'aimant plus la Duchesse , en plaifanta
au bout de quelque temps. Je ne fçai fi je
n'abufe point de vôtre patience , par la longueur de cette converfation , ajoûta la
Comtesse de Lemos , & je tombe infenfi-
blement dans le défaut des perfonnes de
mon âge , qui s'oublient lorfqu'elles parlent de leur tems. Je vis bien qu'elle vouloit se retirer ; & aprés l'avoir encore re-
merciée de l'honneur qu'elle m'avoit fait ,
je pris congé d'elle , & je retournai dans
mon Hôtellerie. Le tems se trouva fi mauvais , que nous eûmes de la peine à nous
mettre en chemin : mais ayant pris une
bonne refolution , nous marchames tant
que la journée dura , tombant & nous re-
levant comme nous pouvions. On ne
voyoit pas à quatre pas devant foi : la tem-
pête étoit fi grande , qu'il tomboit des quar-
tiers de Rocher du haut des Montagnes ,
qui venoient jufques dans le chemin , &
qui blefferent même un de nos Gens ; il en
auroit été tué , s'il n'avoit efquivé une partie du coup. Enfin , aprés avoir fait plus de
huit

huit lieuës, à nôtre compte, nous fûmes
bien étonnez de nous retrouver aux Portes
de Lerma, fans avoir avancé, ni reculé :
Nous avions toûjours tourné autour de la
Ville, fans l'appercevoir, comme par un
enchantement, tantôt plus loin, tantôt
plus prés, nous penfâmes tous défefpe-
rer, d'avoir pris tant de peine fi inutile-
ment.

L'Hôteffe ravie de nous revoir, elle qui
auroit voulu de tout fon cœur que nous
euffions marché ainfi tous les jours de
nôtre vie, pour revenir coucher chez elle
toutes les nuits, m'attendoit au haut de fon
petit degré : Elle me dit qu'elle étoit bien
fâchée de ne me pouvoir rendre ma Chambre, mais qu'elle m'en donneroit une autre qui me feroit auffi commode, & que
la mienne étoit occupée par une Seignora
des plus grandes Seignora d'Efpagne. Don
Fernand lui en demanda le Nom ; elle lui
dit qu'elle s'appelloit Dona Eleonor de Tolede : Il m'apprit auffi-tôt que c'étoit fa proche parente. Il ne pouvoit comprendre par
quel hazard il la trouvoit en ce lieu.

Pour en être promptement éclaircy, &
pour fatisfaire aux devoirs de la proximi-
té, il envoya fon Gentilhomme lui faire
un Compliment, & fçavoir s'il ne l'incom-
moderoit point de la voir. Elle répondit
qu'elle avoit une grande fatisfaction de
cette heureufe rencontre, & qu'il lui feroit
beaucoup d'honneur. Il paffa auffi-tôt dans

fa Chambre, & il apprit d'elle plufieurs
particularitez qui la regardoient. Il vint
enfuite me trouver, & il me dit fort civilement, que fi Dona Eleonor n'étoit pas malade, & tres fatiguée, elle me viendroit
voir. Je crûs que je devois faire les premiers
pas, à l'égard d'une perfonne de cette qualité, & fi proche parente d'un Cavalier du-
quel je recevois tant d'honnêtetez. Ainfi je
le priai de me conduire dans fa chambre ;
elle me reçût de la maniere du monde la
plus agreable ; & je remarquai dans les
premiers momens de nôtre converfation,
qu'elle avoit beaucoup d'efprit & de poli-
teffe. Elle étoit dans une negligence magnifique (fi cela fe peut dire) elle n'avoit
rien fur fa tête ; fes cheveux qui font noirs
& luftrez, étoient feparez des deux cotez,
& faifoient deux groffes Nates qui fe rata-
choient par derriere à une troifiéme. Elle
avoit une Camifolle de Naples brochée
d'or, & mêlée de differentes couleurs fort
jufte par le Corps & par les Manches, garnie
de Boutons d'Emeraudes & de Diamans : fa
Juppe étoit de Velours vert, couverte de
Point d'Efpagne. Elle portoit fur les épaules une Mantille de Velours couleur de feu,
doublée d'Hermine. C'eft de cette maniere que les Dames Efpagnoles font en Des-
habillé. Ces Mantilles font le même effet
que nos Echarpes de Taffetas noir, excepté qu'elles fiéent mieux, & elles font plus
larges & plus longues ; de forte que quand

elles veulent, elles les mettent fur leur tête, & s'en couvrent le vifage.

Je la trouvai parfaitement belle ; fes yeux étoient fi vifs & fi brillans, que l'on n'en foûtenoit l'éclat qu'avec peine. Don Fernand lui dit qui j'étois, & que j'allois voir une de mes proches Parentes à Madrid. Son Nom ne lui étoit pas inconnu non plus que fa perfonne ; elle me dit même qu'il y avoit peu que le Roi l'avoit faite Titulaire & Marquife de Caftille. Que je vous ferois obligée, Madame, dis-je en l'interrompant, de m'apprendre ce que fignifie ce Titre là, parce qu'elle m'en a parlé dans fes Lettres fans me l'expliquer, non plus que celui de Grandat & de Mayorafques. J'en ai entendu dire quelque chofe à plufieurs perfonnes ; mais foit qu'elles l'ignoraffent elles-mêmes, ou qu'elles ne vouluffent pas fe donner la peine de me le dire, je n'en ai jamais été bien inftruite.

Je vous apprendrai avec plaifir ce que j'en fçai, reprit Dona Eleonor, & j'ai toûjours entendu dire, que du tems des premiers Rois, Doviedo, de Galice & d'Afturie, ils étoient élûs par les Prelats du Royaume, & par les Ricos-homes. Ces Seigneurs n'ayant point encore obtenu les Titres de Ducs, de Marquis, & de Comtes, qui les diftinguent d'avec les Gentilshommes, on les nommoit Ricos Homes, qui étoit comme les Grands d'Efpagne
d'au-

d'aujourd'hui. C'étoit l'ordre, qu'ils choisissoient toûjours pour regner, les Parens les plus proches des Rois qui venoient de mourir. Mais cette Coûtume ne fut observée que depuis Pelage jusqu'à Ramire. En 843. on le declara Successeur d'Alfonse le Chaste, Roi d'Asturie, & l'on admit sous son Régne la succession du Pere au Fils en ligne directe, ou du Frere au Frere en ligne collaterale pour la Couronne; si bien que ce consentement devint dés-lors une Loi Municipale, qui s'est toûjours depuis observée en Espagne. Vous remarquerez que le mot de Ricos Homes, n'a pas la même signification que Humbres Ricos, qui veut dire Hommes Riches en François. Les Ricos-Homes se couvroient devant le Roi, entroient aux Etats, y avoient leur Voix active & passive. Sa Majesté leur accordoit toutes ces Prerogatives par des Actes autentiques, & les Titulados d'apresent, sont les mêmes que l'on appelloit alors Ricos-Homes : Mais leurs Privileges ne sont pas si étendus, & la plûpart de ces honneurs, ainsi que je vous dirai, ont été réservez aux Grands d'Espagne. Les Titulados peuvent avoir un Dais dans leur Chambre, un Carosse dans Madrid à quatre Chevaux, avec los Tiros largos ; ce sont de longs traits de soye, qui attachent les derniers Chevaux aux premiers. Quand il y a des Fêtes de Taureaux, on leur donne des Balcons dans la grande Place où leurs Femmes

B 2   sont

font regalées de Corbeilles remplies de Gands, de Rubans, d'Eventails, de Bas de Soye, & de Paſtilles, avec une magnifique Collation de la part du Roi ou de la Ville, ſelon que c'eſt le Roi ou la Ville qui donne ces Fêtes au Public. Ils ont leur Banc marqué dans les Ceremonies ; & quand le Roi fait un Titulados, Marquis de Caſtille, d'Arragon, ou de Grenade, il entre aux Etats de ces Royaumes là.

A l'égard des Grands, il y en a de trois Claſſes differentes ; & la maniere dont le Roi leur parle en les faiſant, les diſtingue. Les uns ſont ceux à qui il dit de ſe couvrir, ſans y rien ajoûter ; la Grandeur n'eſt attachée qu'à leur Perſonne, & n'eſt point conſervée à leur Maiſon.

Les autres que le Roi qualifie du Titre d'une de leurs Terres comme par exemple, Duc ou Marquis d'un tel lieu, *Couvrez-vous, pour vous & pour les vôtres*, ſont Grands d'une maniere plus avantageuſe que les premiers ; parce que la Grandeur étant attachée à leur Terre, paſſe à leur Fils aîné ; & s'ils n'en ont point, à leur Fille ou à leurs Heritiers. Cela fait que dans une ſeule Maiſon, il peut y avoir pluſieurs Grandeurs, & que l'on voit des Heritieres qui en apportent juſqu'à ſix ou ſept à leurs Maris, leſquels ſont Grands à cauſe des Terres de leurs Femmes.

Les derniers ne ſe couvrent qu'aprés avoir parlé au Roi ; & l'on fait la difference

ce des uns aux autres, en dilant, *Ils font Grands à Vie, ou à Race.* Il faut encore remarquer qu'il y en a que le Roi fait couvrir avant qu'ils lui parlent, en leur difant, *oubridos*; & ils parlent & écoutent parler le Roi, toûjours couverts. D'autres, qui ne fe couvrent qu'aprés lui avoir parlé, & qu'il leur a répondu. Et les troifiémes, qui ne fe couvrent qu'aprés s'être retirez d'auprés du Roi vers la muraille; mais lorfqu'ils font tous enfemble dans des fonctions publiques, ou à la Chapelle, il n'y a aucune difference entr'eux, ils s'affeient & fe couvrent devant lui. Et lorfqu'il leur écrit, il les traite comme s'ils étoient Princes; on leur donne le Titre d'Excellence. Ce n'eft pas que quelques Grands Seigneurs fe contentent de les traiter de Vôtre Seigneurie; mais cela eft moins honnête & tres-peu ufité. Quand leurs Femmes vont chez la Reine, elle les reçoit debout; & au lieu d'être feulement affife fur le Tapis de pied, on leur prefente un Carreau.

Pour les Mayorafques, c'eft une efpece de fubftitution qui fe fait de la plûpart des grandes Terres qui apartiennent à des Perfonnes de Naiffance. Car celui qui ne feroit pas Noble, & qui poffederoit une de ces Terres, ne jouiroit pas du Privilege du Mayorago; mais lorfque c'eft un Homme de qualité, quelques Dettes qu'il ait, on ne fçauroit lui faire vendre fes

Terres en Mayoraſque, s'il ne le veut bien,
& il ne le veut preſque jamais: De ſorte que
ſes Creanciers n'ont que la voye d'arrêter
ſon revenu, & ce n'eſt pas encore la plus
courte ; parce qu'avant qu'ils en touchent
un ſol, les Juges ordonnent une penſion
convenable, ſelon le rang de celui ſur qui
on vient de faire la Saiſie, tant pour ſes Enfans que pour ſa Table, ſes Habits, ſes
Domeſtiques, ſes Chevaux, & même ſes
menus plaiſirs. D'ordinaire tout le revenu
eſt employé à cela, ſans que les Creanciers
ſoient en droit de s'en plaindre, bien qu'ils
en ſouffrent beaucoup.

Voilà, Madame, continua Dona Eleonor, ce que vous avez ſouhaité de ſçavoir,
& je me trouve heureuſe d'avoir eu lieu de
ſatisfaire vôtre curioſité : Je lui témoignai
qu'elle avoit extrémement ajoûté au plaiſir que je pouvois trouver dans le ſimple
recit des choſes dont je m'étois informée,
& que je mettrois toûjours une grande difference entre ce que j'apprendrois d'elle,
ou ce que j'apprendrois d'une autre.

Elle me demanda ſi je ſçavois celui que
le Roi venoit de nommer, pour être ſon
Ambaſſadeur en Eſpagne. Je lui dis qu'on
ne me l'avoit pas encore écrit. Je n'ai pû
apprendre qui c'eſt, ajoûta-t-elle, avant
que je ſois partie de Madrid : Mais j'oſe dire, que tout le monde ne nous convient
pas. Nous ſouhaitons que l'on ait de bonnes qualitez perſonnelles, & de la naiſſance.

ce. Nous ne fouffrons qu'avec peine, qu'un homme d'un merite, & d'une condition mediocre, foit revêtu d'une Dignité qui l'éleve fi fort au deffus des autres, lorfqu'il reprefente un grand Monarque, & qu'il traite de fa part avec le nôtre. Nous voulons, dis-je, qu'il honore autant fon caractere, que fon caractere l'honore.

Elle apprit enfuite à Don Fernand de Tolede, que la Marquife de la Garde fa Tante étoit morte il y avoit peu, & que le Comte de Medelin Frere de cette Dame, étoit mort dés le lendemain; que plufieurs perfonnes croyoient que c'étoit de douleur de la mort de fa Sœur. Hé quoi! Madame, dis-je en l'interrompant, les Efpagnols ont-ils un fi bon naturel? Il me femble que leur gravité s'accorde mal avec la tendreffe. Elle fe prit à rire de ma queftion, & elle me dit que j'étois comme toutes les autres Dames Françoifes, qui fe previennent aifément contre les Efpagnols, mais qu'elle efperoit que lorfque je les connoîtrois, j'en aurois meilleure opinion. Elle eut l'honnêteté de me prier de venir me repofer quelques jours proche de Lerma, à une Maifon dont elle étoit la Maîtreffe. Je la remerciai de fes offres obligeantes, & lui dis que j'en aurois profité avec plaifir, fi j'avois eu des raifons moins preffantes d'aller à Madrid; mais que je 'affurois que lorfqu'elle y feroit, je ne manquerois pas de la voir. Nous demeurâmes le reste du soir ensemble ; & l'heure de se retirer étant venuë, je lui dis adieu, & je la priai de m'accorder son amitié.

Je me levai avant le jour, parce que nous avions une furieuse journée à faire pour aller coucher à Aranda de Duero. Le tems s'étant adouci, il faisoit un grand broüillard mêlé de pluye ; & en arrivant le soir, l'Hôte nous dit que nous serions fort bien chez lui : mais que nous n'aurions point du tout de Pain. C'est pourtant une chose dont on se passe difficilement, répondis-je. Et en effet, cette nouvelle me chagrina. Je m'informai d'où venoit cette disette : Il me fut dit que l'Alcayde Major de la Ville, (c'est celui qui ordonne de tout) & qui est tout ensemble le Gouverneur & le Juge, avoit envoyé querir le Pain & la Farine qui étoit chez les Boulangers, & l'avoit fait apporter dans sa Maison, pour en faire une distribution proportionnée aux besoins de chaque Particulier ; & que ce qui avoit donné lieu à cela, c'étoit que la Riviere de Duero, qui passe autour de la Ville étoit gelée, & les Rivieres de Leon, de Suegra, de Burgos, de Tormes, & de Salamanque qui s'y jettent, & s'y perdent, avoient aussi cessé leurs cours : qu'ainsi aucuns Moulins ne pouvoient moudre, ce qui faisoit aprehender la famine : Cela nous obligea de nous adresser à lui, pour avoir le Pain qui nous étoit necessaire. Don Fernand lui envoya un Gentiltilhomme de sa part, de celle des trois Chevaliers, & de la mienne. Aussi tôt on nous apporta tant de Pain, que nous en eûmes assez pour en donner à nôtre Hôte, & à sa Famille, qui en avoit grand besoin.

Nous n'étions pas encore à table, lorsque mes gens apporterent dans ma Chambre plusieurs Paquets de Lettres, qu'ils avoient trouvez sur les Degrez de l'Hôtellerie. Celui qui les portoit ayant bû plus qu'il ne faut, s'y étoit endormi, & tous ses Paquets étoient exposez à la curiosité des Passans. Il y a dans ce Pais un tres-méchant ordre pour le Commerce; & lorsque le Courier de France arrive à Saint Sebastien, on donne toutes les Lettres qu'il apporte à des hommes qui vont fort bien à pied, & qui se relayent les uns les autres. Ils mettent ces Paquets dans un Sac attaché avec de méchantes cordes sur leurs épaules; de maniere qu'il arrive souvent que les secrets de vôtre cœur & de vôtre Maison sont en proye au premier Curieux qui fait boire ce miserable Pieton; & c'est ce qui arriva dans cette occasion; car Don Frederic de Cardone ayant regardé plusieurs dessus de Lettres, reconnut l'écriture d'une Dame à laquelle il prenoit apparemment interêt; du moins je le jugeai ainsi par l'émotion de son visage, & par l'empressement avec lequel il ouvrit le Paquet. Il lut la Lettre, & voulut bien me la montrer, sans vouloir me dire, ni de qui elle venoit, ni pour qui elle étoit: mais il me promit de m'en informer à Madrid. Comme je la trouvai bien écrite, il me vint dans l'esprit que vous seriez peut-être bien aise de voir le stile d'une Espagnole quand elle écrit à ce qu'elle aime; je priai le Chevalier de m'en laisser prendre une copie, mais il est vrai que la traduction ôte beaucoup d'agrément à cette Lettre, la voici.

Tout contribuë à m'affliger dans la malheureuse Ambassade où vous allez, sans compter que l'éloignement est le poison des plus fortes amitiez. Je ne puis me flatter que quelque rupture entre les Souverains puisse abreger le tems de vôtre absence, & me rendre un bien sans lequel je ne sçaurois vivre. De tous les Princes de l'Europe, celui à qui l'on vous envoye est le plus uni avec nous; Je ne prévoi point de guerre contre lui, & ce fleau dont le Ciel punit les coupables, seroit pour moi mille fois plus doux que la Paix: Ouy, Je consentirois d'en porter seule tous les desastres, de voir mes Terres ruïnées, mes Maisons en feu, de perdre mon Bien & ma liberté, pourvû que nous fussions ensemble, & que sans vous faire partager mes disgraces, je pusse joüir du plaisir de vous voir; vous devez juger par de telles dispositions de l'etat où je suis; quand je pense qu'effectivement vous allez partir, que je reste à Madrid, que je n'ose vous suivre, que mon

devoir

devoir étouffe tout d'un coup les projets que je pourrois faire pour me consoler, & que je vous perds enfin, dans le tems où je vous trouve le plus digne de ma tendresse, où j'ai plus de sujet d'être persuadée de la vôtre, & où je sens davantage les marques que vous m'en donnez ; je devrois vous cacher ma douleur & ne rien ajoûter à la vôtre : mais quel moyen de pleurer & de pleurer sans vous ? helas, helas ! je serai bien-tôt reduite à pleurer toute seule : ne craignez vous point qu'une affliction si vive ne me tue, & ne pourriez-vous pas feindre d'être malade pour ne me point quitter ; songez à tous les biens qui sont renfermez dans cette proposition ; mais je suis folle de vous la faire, vous prefererez les Ordres du Roi aux miens, & c'est me vouloir attirer de nouveaux chagrins que de vous mettre à une telle épreuve. Adieu, je ne vous demande rien, parce que j'ai trop à vous demander, je n'ai jamais été si affligée.

Comme j'achevois de traduire la Lettre que je vous envoye, le Fils de l'Alcade vint me voir ; c'étoit un jeune homme qui avoit bonne opinion de lui même, & qui étoit un vrai Guap. Que ce mot ne vous embarasse point, ma chere Cousine, Guap veut dire en Espagnol, Brave, Galant, & même Fanfaron ; ses cheveux étoient separez sur le milieu de la tête, & noüez par derriere avec un ruban bleu, large de quatre doigts, & long de deux aulnes,

qui tomboit de toute sa longueur ; il avoit
des chausses de Velours noir, qui se bou-
tonnoient de cinq ou six boutons au dessus
du genou, & sans quoi il seroit impossi-
ble de les ôter sans les déchirer en pieces,
tant elles sont étroites en ce Païs : il avoit
une Veste si courte, qu'elle ne passoit pas
la poche ; & un Pourpoint à longues bas-
ques de Velours noir ciselé, avec des manches pendantes larges de quatre doigts ; les
manches du Pourpoint étoient de Satin
blanc brodées de jais ; & au lieu d'avoir
des manches de chemise de toile, il en
portoit de Taffetas noir fort bouffantes
avec des Manchettes de même ; son Manteau étoit de drap noir ; & comme c'étoit
un Guap, il l'avoit entortillé autour de
son bras, parce que cela est plus galant,
avec un Broquel à la main ; c'est une espece
de Bouclier fort leger, & qui a au milieu
une pointe d'acier ; ils le portent quand ils
vont la nuit en bonne ou en mauvaise fortune ; il tenoit de l'autre main une épée
plus longue que demi pique, & le fer qu'il
y avoit à la garde auroit pû suffire à faire
une petite cuirasse. Comme ces épées sont
si longues qu'on ne pourroit les tirer du
foureau, à moins que l'on ne fut aussi grand
qu'un Geant ; ce foureau s'ouvre en ap-
puyant le doigt sur un petit ressort. Il avoit
aussi un poignard dont la lame étoit étroite ; il étoit attaché à sa ceinture contre son
dos ; sa Gulille de carton couverte d'un petit
quain-

quaintin lui tenoit le col fi droit, qu'il ne pouvoit ni bailler ni tourner la tête. Rien n'eft plus ridicule que ce hauffe-col ; car ce n'eft ni une fraize, ni un rabat, ni une cravatte ; cette Gulille enfin ne reffemblant à rien, qui incommode beaucoup, & qui défigure de même ; fon Chapeau étoit d'une grandeur prodigieufe ; la forme baffe & doublé de taffetas noir avec un gros crefpe autour ; comme un mari le porteroit pour le deüil de fa femme. L'on m'a dit que ce crefpe eft le titre le plus inconteftable de la plus fine galanterie. Ceux qui fe piquent de fe mettre bien, ne portent ni chapeaux bordez, ni plumes, ni nœuds de rubans d'or & d'argent ; c'eft un crêpe bien large & bien epais dont ils fe parent ; & il n'y a point de chimere qui puiffe tenir contre cette vifion ; les fouliers étoient d'un Maroquin auffi fin que les peaux dont on fait les gands, & tout découpez malgré le froid ; fi juftes aux pieds, qu'il fembloit qu'ils fuffent collez deffus, & qui n'avoient point de talon. Il me fit en entrant une reverence à l'Efpagnole, les deux jambes croifées l'une fur l'autre, & fe baillant gravement comme font les femmes lorfqu'elles faluent quelqu'un ; il étoit fort parfumé, & ils le font tous beaucoup ; fa vifite ne fut pas longue ; il fçavoit allez fon monde ; il n'oublia pas de me dire qu'il alloit fouvent à Madrid, &

B 7 qu'il

qu'il ne s'y faisoit point de courses de Taureaux où il ne fut exposer sa vie. Comme j'avois sur le cœur le peu de soin que l'on prend des Lettres, je lui parlai du Courier que mes gens avoient trouvé endormi sur le degré; il me dit que cela venoit de la negligence du Grand Maître des Postes, ou pour mieux dire, de ce qu'il vouloit trop gagner; & que si le Roi en étoit informé, il ne le souffriroit pas. Ce nom de Grand-Maître des Postes fit que je lui demandai si l'on alloit quelquefois en poste en Espagne, il me dit que oüi, pourvû qu'on en eut la permission du Roi, ou du Grand Maître qui est toûjours un homme d'une naissance distinguée, & qu'à moins d'un Ordre bien signé & en bonne forme, on ne donnoit point de Chevaux : Mais, lui dis-je, un homme qui vient de se battre, ou qui a d'autres raisons de vouloir faire diligence, que fait-il ? rien; Madame, me dit-il, s'il a de bons Chevaux il s'en sert, & s'il n'en a pas il est assez embarassé; mais lorsque l'on veut aller en poste; & que l'on ne part pas directement de Madrid, il suffit de prendre un billet de l'Alcayde, qui veut dire Gouverneur, des Villes par où l'on passe. Ma curiosité étant satisfaite sur ce chapitre, le Galant Espagnol se retira, & nous soupâmes tous ensemble à nôtre ordinaire.

Il y avoit déja du tems que j'étois couchée & endormie, quand je fûs réveillée

par

par un son de cloches, & par un bruit confus de voix effroyables. Je ne sçavois encore ce qui le causoit, lorsque Don Fernand de Tolede, & Don Frederic de Cardonne, sans frapper à ma porte l'enfoncerent, & m'appellant de toute leur force pour me trouver (car ils n'avoient point de lumiere) vinrent l'un & l'autre à mon lit, & jettant ma Robe sur moi ils m'emporterent avec ma Fille au plus vîte jusqu'au haut de la maison. Je ne peux vous representer mon étonnement & ma crainte; je leur demandai enfin ce qui étoit arrivé; ils me dirent que le dégel étoit venu tout d'un coup avec tant de violence, que les rivieres grossies par les torrents qui tomboient de tous côtez des Montagnes, dont la Ville est étourée, s'étoient débordez & l'inondoient; qu'au moment qu'ils m'étoient venu prendre, l'eau étoit déja dans ma chambre, & que le desordre étoit horrible; il n'étoit pas nécessaire qu'ils m'en dissent d'avantage, car j'entendois des cris affreux, & l'eau ebranloit toute la maison. Je n'ai jamais eu si grand peur, je regretois tendrement ma chere Patrie; helas ! disois-je, j'ai bien fait du chemin pour me venir noyer au quatriéme étage d'une Hôtellerie d'Aranda. Toute mauvaise plaisanterie à part; je croyois mourir : & j'en étois si troublée, que je fus prête vingt fois de prier Messieurs de Tolede ou de Cardonne, de m'entendre en Confeſſion. Je crois que dans la ſuite ils en auroient plus ry que moi ; nous fûmes juſqu'au jour dans des alarmes continuelles ; mais l'Alcade & les Habitans de cette Ville travaillerent ſi promptement & ſi utilement à détourner les torrents, & à faire écouler les eaux, que nous n'en eûmes que la peur ; deux de nos Mulets furent noyez ; mes Litieres & mes Hardes ſe trouverent ſi penetrées d'eau, que pour les faire ſecher il a fallu reſter un jour tout entier : & ce n'étoit pas une choſe trop facile, car il n'y a point de cheminée aux Hôtelleries ; l'on chauffa le four & l'on mit toutes mes hardes dedans. Je vous aſſure que je n'ai point gagné à cette malheureuſe inondation : je me couchai aprés cela, ou pour mieux dire, je me mis dans le bain, mon lit étant auſſi moüillé que tout le reſte.

Nos Voyageurs ont jugé qu'il falloit me laiſſer un peu en repos, j'ai employé une partie de ma journée à vous écrire. Adieu, ma chere Couſine ; il eſt tems de finir, je ſuis toûjours plus à vous que perſonne du monde.

A Aranda de Ducro ce 9. de Mars.

SIXIE'

SIXIE'ME.
LETTRE.

L'Exactitude que j'ai à vous apprendre les choses que je crois dignes de vôtre curiosité, m'oblige tres souvent de m'informer de plusieurs particularitez que j'aurois négligées, si vous ne m'aviez pas dit qu'elles vous font plaisir, & que vous aimez à voyager sans sortir de vôtre Cabinet.

Nous partimes d'Aranda par un tems de dégel qui rendoit l'air bien plus chaud, mais qui rendoit aussi les chemins bien plus mauvais. Nous trouvâmes peu aprés la Montagne de Samozierra, qui sépere la vieille Castille d'avec la nouvelle, & nous ne la traversâmes pas sans peine, tant pour sa hauteur, que pour la quantité de neiges dont les fonds étoient remplis, & où nous tombions quelquefois comme dans des precipices, croyant le chemin uni. L'on appelle ce Passage *Puerto*; il semble que ce nom ne devroit être donné qu'à un Port où l'on s'embarque sur la Mer ou fur la Riviere, mais c'eſt ainſi qu'on explique le Paſſage d'un Royaume dans un autre ; & toûjours en faiſant ſon chemin il en coûte , car les Gardes des Doüanes qui font payer les Droits du Roi , attendent les Voyageurs ſur le grand chemin, & ne les laiſſent point en repos , qu'ils ne leur ayent donné quelque choſe.

En arrivant à Buitrago, nous étions auſſi moüillez que la nuit de l'inondation d'Aranda ; & encore que je fuſſe en litiere , je ne m'appercevois guére moins du mauvais tems , que ſi j'euſſe été à pied ou à cheval , parce que les litieres ſont ſi mal faites en ce Païs , & ſi mal fermées , que lors que les Mulets paſſent dans quelque Ruiſſeau , ils jettent avec leurs pieds une partie de l'eau dans la litiere ; & quand elle y eſt une fois elle y demeure ; de ſorte que je fus obligée en arrivant, de changer de linge & d habits : Enſuite Don Fernand , les trois Chevaliers , ma Fille , & mes Femmes , vinrent avec moi au Château dont on m'avoit beaucoup parlé.

Il me parût auſſi régulierement bâti que celui de Lerma , un peu moins grand, mais plus agreable. Les appartemens en ſont mieux tournez , & les meubles ont quelque choſe de fort riche , & même de ſingulier, tant par leur antiquité que par leur magnificence. Ce Château eſt comme celui de Lerma , à Don Rodrigo de Silva de Mendoça, Duc de Paſtrane & de l'Infanta-

de

de. Sa Mere se nomme Dona Caterina de
Mendoça & Sandoval, Heritiere des Du-
chez de l'Infantado & de Lerma. Il vient
de Pere en Fils de Rui Gomes de Silva, qui
fut fait Duc de Pastrane & Prince d'Eboli
par le Roi Philippe II. Cette Princesse d'E-
boli, dont il a été tant parlé pour sa beauté, étoit sa Femme, & le Roi en étoit
tres-amoureux : On me montra son Portrait qui doit avoir été fait par un excellent
Peintre ; elle est representée de toute sa
grandeur, assise sous un Pavillon attaché
à quelques branches d'arbres ; il semble
qu'elle se leve ; car elle n'a sur elle qu'un
linge fin, qui laisse voir une partie de son
corps ; si elle l'avoit aussi beau qu'il paroît
dans son Portrait, & si ses traits étoient
aussi réguliers, on doit croire qu'elle étoit
la plus charmante de toutes les Femmes ;
ses yeux sont si vifs & remplis d'esprit, qu'il
semble qu'elle va vous parler ; elle a la gorge, les bras, les pieds, & les jambes nuës,
ses cheveux tombent sur son sein, & des
petits amours qui paroissent dans tous les
coins du tableau, s'empressent pour la servir ; les uns tiennent son pied, & lui mettent un brodequin ; les autres passent des
fleurs dans ses cheveux ; il y en a qui soûtiennent son miroir. On en voit plus loin
qui lui éguisent des fleches, pendant que
les autres en emplissent son carquois &
bandent son Arc : un Faune la regarde au
travers des branches, elle l'aperçoit, elle le
mon-

montre à un petit Cupidon, qui eſt appuyé ſur ſes genoux, & qui pleure comme s'il en avoit peur, dont il ſemble qu'elle ſoûrit. Toute la bordure eſt d'argent ciſelé & doré en beaucoup d'endroits. Je demeurai long-tems à la regarder avec un extrême plaiſir, mais on me fit paſler dans une Galerie, où je la vis encore. Elle étoit peinte dans un tres grand Tableau à la ſuite de la Reine Eliſabet, Fille de Henri II. Roi de France, que Philippe II Roi d'Eſpagne épouſa, au lieu de la donner au Prince Don Carlos ſon Fils, avec qui elle avoit été accordée. La Reine faiſoit ſon Entrée à cheval comme c'eſt la coûtume, & je trouvai la Princeſſe d'Eboli moins brillante auprés d'elle, qu'elle ne m'avoit paru étant ſeule. Il faut juger par là des charmes de cette jeune Reine : elle étoit vêtuë d'une Robe de ſatin bleu, mais du reſte tout de même que je vous ai repreſenté la Comteſſe de Lemos. Le Roi la regardoit paſſer de deſſus un Balçon ; il étoit habillé de noir avec le Colier de la Toiſon ; ſes cheveux roux & blancs ; le viſage long, pâle, vieux, ridé & laid. L'Infant Don Carlos accompagnoit la Reine : il étoit fort blanc, la tête belle, les cheveux blonds, les yeux bleus, & il regardoit la Reine avec une langeur ſi touchante, qu'il paroît que le Peintre a penetré le ſecret de ſon cœur, & qu'il a voulu l'exprimer : ſon habit étoit blanc, & brodé de Pierreries ; il étoit en Pour-

point

point tailladé avec un petit chapeau relevé
par le côté, couvert de plumes blanches. Je
vis dans la même Galerie un autre Tableau
qui me toucha fort : c'étoit le Prince Don
Carlos mourant ; il étoit aſſis dans un Fauteüil, ſon bras appuyé ſur une Table qui
étoit devant lui, & ſa tête panchée ſur ſa
main, qui tenoit une plume comme s'il eût
voulu écrire ; il y avoit devant lui un vaſe
où il paroiſſoit quelque reſte d'une liqueur
brune, & apparemment que c'étoit du
poiſon. Un peu plus loin on voyoit prepa-
rer le Bain, où l'on devoit lui ouvrir les
veines ; le Peintre avoit repreſenté parfaitement bien l'état où l'on ſe trouve dans une
occaſion ſi funeſte : & comme j'avois lû
ſon Hiſtoire, & que j'en avois été atten-
drie, il me ſembla qu'effectivement je le
voyois ſur le point de mourir. On me dit
que tous ces Tableaux étoient de grand
prix ; on me conduiſit dans une chambre
dont l'ameublement avoit été à l'Archidu-
cheſſe Marguerite d'Autriche, Gouvernan-
te des Païs Bas ; & l'on prétend qu'elle y a
travaillé elle même ; c'eſt un petit lit de
Gaſe ſur lequel on a appliqué des plumes
d'Oiſeaux de toutes les couleurs, & cela forme des Groteſques, des Plumes, des Fleurs,
des petits Animaux : la Tapiſſerie eſt pareille, & les differentes nuances des Plumes font un effet tres-agreable. Voilà ce
que je remarquai de plus ſingulier au Château de Buitrago ; & comme il étoit déja
tard, nous en ſortimes.

Il y avoit plusieurs jours que je n'avois eu le plaisir de voir joüer à l'Ombre, je fis apporter des Cartes. Don Fernand avec deux des Chevaliers commencerent une reprise ; je m'interessai à mon ordinaire, & Don Esteve de Carvajal en fit autant ; de sorte qu'après avoir regardé joüer quelques momens, je lui demandai auquel des troisChevaliers étoit laCommanderie, d'où ils revenoient lors que je les rencontrai ; il me dit qu'elle n'étoit à pas un d'eux, qu'ils y étoient allé voir un de leurs amis communs, sur un accident fâcheux qui lui étoit arrivé à la Chasse. Me trouvant sur le chapitre des Commanderies, je le priai de m'apprendre si les Ordres de S. Jacques, de Calatrava, & d'Alcantara étoient anciens:il me répondit qu'il y avoit plus de 500. ans qu'ils subsistoient;que l'on appelloit autrefois l'Ordre de Calatrava,le Galant ; celui de Saint Jacques , le Riche ; & celui d'Alcantara , le Noble. Ce qui les faisoit nommer ainsi ; c'est que d'ordinaire il n'entroit dans Calatrava que de jeunes Cavaliers; que Saint Jacques étoit plus riche que les deux autres ; & que pour être reçû Chevalier d'Alcantara , il falloit faire ses preuves de quatre races ; au lieu que pour entrer dans les autres , il ne faut les faire que de deux. Dans les premiers tems que ces Ordres furent établis, les Chevaliers faisoient des Vœux, vivoient tres-regulierement en Communauté , & ne por-

toient

toient des armes que pour combattre les Mores : mais enfuite il y entra les plus grands Seigneurs du Royaume, lefquels obtinrent la liberté de fe marier, fous cette condition, qu'ils feroient obligez d'en demander une difpenfe expreffe au Saint Siege : il faut avoir un Brevet du Roi, faire fes preuves de Nobleffe, & prouver auffi que l'on vient de *Chriftianos viejos*, c'eft-à dire, qu'il n'eft entré dans la Famille du Pere, ni de la Mere, aucuns Juifs, ni Mores. Le Pape Innocent VIII. donna en 1489. au Roi Ferdinand & à fes Succeffeurs, la difpofition de toutes les Commanderies de ces trois Ordres, que l'on nomme Militaires. Le Roi d'Efpagne en difpofe en effet fous le titre d'Adminiftrateur perpetuel ; & il jouit des trois grandes Maîtrifes qui lui vallent plus de quatre cens mille écus de rente. Lors qu'il tient Chapelle, comme Grand-Maître de l'Ordre, ou qu'il fait quelque Affemblée, les Chevaliers ont le Privilege d'être affis & couverts devant lui. Donhiteve ajoûta, que l'Ordre de Calatrava avoit 34. Commanderies, & huit Prieurez, qui valoient 120. mille Ducats de revenu ; qu'Alcantara avoit 33. Commanderies, 4. Alcaidies & 4. Prieurez qui raportoient 80. mille Ducats. & que les 87. Commanderies de Saint Jacques, tant en Caftille, qu'au Royaume de Leon, valoient plus de 272. mille Ducats. Vous pouvez juger par là, Madame,

con-

continua-t-il, qu'il y a des reſſources pour les pauvres Gentilshommes Eſpagnols.

Je conviens, lui dis-je, que ce ſeroit une choſe tres-avantageuſe pour eux, s'ils étoient les ſeuls que l'on voulut admettre dans ces trois Ordres : mais il me ſemble que vous venez de me dire, que les plus grands Seigneurs en poſſedent les plus belles Commanderies. C'eſt par une régle generale, interrompit-il, qui veut toûjours que le bien aille aux plus riches, quoi qu'il y eut de la juſtice d'en faire part aux autres; & les Aînez de grande qualité auroient encore dequoi ſe ſatisfaire, en obtenant l'Ordre de la Toiſon, qui diſtingue extrémement ceux que le Roi en honore. Cependant, comme c'eſt une faveur qui n'eſt accompagnée d'aucun revenu, & qu'elle ne ſe donne pas même aiſément, peu de gens la recherchent, & l'on ne voit d'ordinaire l'Ordre de la Toiſon qu'à des Princes. Si vous ſçavez qui l'a inſtitué, lui dis-je, vous m'obligerez de m'en informer. On pretend, reprit il, que dans le tems que les Maures poſſedoient la meilleure & la plus grande partie de l'Eſpagne, un Villageois qui vivoit ſelon Dieu, le priant avec ferveur de delivrer le Royaume de ces Infidelles, apperçût un Ange qui deſcendoit du Ciel, lequel lui donna une Toiſon d'or, & lui commanda de s'en ſervir pour amaſſer des Troupes ; parce qu'à cette vûë on ne refuſeroit pas de le ſuivre, & de combattre les Enne-

Ennemis de la Foi. Ce Saint homme obeït, & plusieurs Gentilshommes prirent en effet les armes sur ce qu'il leur dit.

Le succès de cette entreprise répondit à l'esperance que l'on en avoit conçuë. De maniere que Philippe le Bon, Duc de Bourgogne, institua l'Ordre de la Toison d'or, en l'honneur de Dieu, de la Vierge, & de saint André, l'an 1429. & le propre jour de ses Nôces avec Isabeau Fille du Roi de Portugal, fut choisi pour cette Ceremonie. Elle se fit à Bruges; il ordonna que le Duc de Bourgogne seroit Chef perpetuel de l'Ordre, parce que Saint André est Patron de la Bourgogne. On appelle ceux qui l'ont, *Cavalleros del Tuzon*, c'est à dire Chevaliers de la Toison; & l'on peut remarquer par là, que l'on fait une difference à l'égard de cet Ordre, disant quand on parle des autres, *Fulano es Cavallero de la Orden de Santiago*, ou *de la Orden de Calatrava*, qui veut dire, un tel est Chevallier de l'Ordre de S. Jacques ou de l'Ordre de Calatrava.

Dans le tems que nous parlions ainsi, nous entendimes un assez grand bruit, comme d'un Equipage qui s'arretoit; au bout d'un moment, le Valet de Chambre de Don Frederic de Cardone entra dans ma Chambre, pour avertir son Maitre, que Monsieur l'Archevêque de Burgos venoit d'arriver.

C'est une rencontre heureuse pour moi,

dit il ; car j'étois parti de Madrid exprés pour le voir ; & ne l'ayant point trouvé à Burgos , j'en étois fort chagrin.

La Fortune est toûjours dans vos interêts, lui dit Don Sanche en soûriant ; mais pour ne vous pas retarder le plaisir de voir cet illustre Parent, nous allons quitter nôtre reprise. Don Frederic témoigna qu'il l'acheveroit volontiers ; & que son impatience cederoit toûjours à leur satisfaction.

Don Fernand & Don Sanche se leverent. Apparemment, dit Don Esteve, que Don Frederic ne sera pas des nôtres de ce soir. J'en juge d'une autre maniere, interrompit Don Fernand. L'Archevêque est l'homme du Monde le plus honnête ; dés qu'il sçaura qu'il y a ici une Dame Françoise , il voudra la venir voir. Il me feroit beaucoup d'honneur , dis je , mais avec tout cela j'en serois un peu embarassée ; car il faut souper , & se coucher de bonne heure. J'achevois à peine ces paroles , quand Don Frederic revint sur ses pas.

Dés que Monsieur l'Archevêque a sçû qu'il y avoit une Dame étrangere à Buytrago , me dit-il , il n'a plus songé à moi ; & si vous le voulez bien , Madame , il viendra vous offrir tout ce qui dépend de lui en ce Païs-ci.

Je repondis à cette civilité comme je le devois ; & Don Frederic étant retourné vers lui, l'amena un moment aprés dans ma Chambre. Je lui trouvai beaucoup de civilité; il parla peu, & garda la gravité convenable à son caractere, & à la Nation Espagnole; Il me plaignit fort de faire un si long voyage dans une Saison si rigoureuse : il me pria de lui commander quelque chose en quoi il me pût obéir. C'est le compliment qu'on fait d'ordinaire en ce Pais. Il avoit par dessus ses habits une Soutanelle de Velour violet, avec des hauts de Manches tous plissez, qui lui alloient jusqu'aux oreilles, & une paire de Lunettes sur le nez.

Il fit apporter à ma Fille un petit Sagoin, qu'il voulut lui donner; & bien que j'en eusse de la peine, il fallut bien y consentir par les instances qu'il m'en fit, & par l'envie que mon enfant avoit de l'accepter. Toutes les fois que Monsieur l'Archevêque prenoit du Tabac, ce qu'il faisoit assez souvent, le petit Singe lui tendoit la patte, & il en mettoit dessus, qu'il faignoit de prendre. Ce Prelat me dit que le Roi d'Espagne attendoit avec une extrème impatience la réponse du Marquis de Los-Balbazes, sur les Ordres qu'il lui avoit donnez, de demander de sa part Mademoiselle, au Roi Trés Chrétien. S'il ne l'obtenoit pas, ajoûta-t-il, je ne sçai ce qui en arriveroit; car il est sensiblement touché de son merite : mais toutes les apparences veulent que si l'on considere bien la Grandeur du Roi Tres Catholique, on souhaitera ce Mariage : Quand le Soleil se couche sur une par-

tie

tie de ſes Royaumes, il ſe leve ſur l'autre;
Et ce Monarque ne joüit pas ſeul de la
Grandeur, il a le plaiſir de la partager avec
ſes ſujets, il eſt en état de les recompenſer,
de les rendre heureux, de les mettre dans
des poſtes élevez, où toute leur ambition
eſt remplie, où ils reçoivent les mêmes
honneurs que des Souverains : Et n'eſt-ce
pas auſſi ce que doit ſouhaiter un Roi, d'ê-
tre en état de recompenſer magnifique-
ment les ſervices qu'on lui rend, de pré-
venir par ſes bien-faits, & de forcer un in-
grat à devenir reconnoiſſant. C'eſt une
choſe ſurprenante, que le nombre d'Em-
plois dans l'Epée, de Dignitez dans l'Egliſe, & de Charges de Judicature, que Sa
Majeſté donne tous les jours.

Pluſieurs perſonnes m'en ont parlé comme vous, Monſeigneur, lui dis-je; mais
j'eſpere m'en inſtruire parfaitement à Madrid. Je ſuis en état de vous éclaircir, au
moins d'une partie, de ce que vous voulez
ſçavoir, reprit-il; quelques raiſons m'ont
obligé d'en faire un petit Memoire, & je
penſe même l'avoir ſur moi. Il me le donna auſſi-tôt; & comme j'en ai gardé une
copie, & qu'il me paroît curieux, je vais,
ma chere Couſine, vous le traduire ici.

Vice-Royautez qui dépendent du
Roi d'Eſpagne.

Naples, Sicile, Arragon, Valence,
Na-

Navarre, Sardaigne, Catalogne, & dans la nouvelle Espagne, le Perou.

Gouvernemens de Royaumes & de Provinces.

Les Etats de Flandres, de Milan, Galice, Biscaye, les Isles de Majorque & de Minorque. Sept Gouvernemens dans les Indes Occidentales; à sçavoir, les Isles de la Madere, le Cap verd, Mina, Saint Thomas, Angola, Bresil, & Algarves. En afrique Oran, Henta, Mazagan. En Orient les Philippines.

Evéchez & Archevéchez de la Nomination du Roi Tres-Catholique, depuis que le Pape Adrian VI. ceda le Droit qu'il avoit d'y nommer.

Premierement, dans les deux Castilles l'Archevêché de Tolede, dont l'Archevêque est Primat d'Espagne, grand Chancelier de Castille, & Conseiller d'Etat. Il parle aux Etats, & dans le Conseil, immediatement aprés le Roi, & on le consulte ordinairement sur toutes les affaires importantes. Il a trois cens cinquante mille Ecus de revenu, & son Clergé quatre cens mille.

L'Archevêque de Brague en Portugal, lequel est Seigneur spirituel & temporel de cette Ville; & qui pour marque de son

 Au-

Autorité porte la Croſſe à la main, &
l'Epée au côté, pretend la Primatie de
toute l'Eſpagne, & la diſpute à l'Archevêque de Toiede, parce que cette Primatie
étoit autrefois à Sevile; qu'on la mit à Tolede à cauſe de l'invaſion des Maures; &
que Tolede étant tombée entre leurs
mains, elle fut transferée à Brague : De
ſorte que l'Archevêque poſſeda long-tems
cette Dignité : mais aprés que les Eſpagnols eurent repris Tolede, l'Archevéque
redemanda ſa Primatie ; celui de Brague
ne voulut point conſentir à la rendre, & ce
different n'ayant jamais été terminé, ils
en prennent l'un & l'autre le Titre.

L'Archevêché de Seville vaut 350. mille Ducats, & ſon Chapitre en a plus de
cent mille. Il ne ſe peut rien voir de plus
beau que cette Cathedrale. Entre pluſieurs
choſes remarquables, il y a une Tour bâ-
tie de brique, large de 60. braſſes, & haute de 40 Une autre Tour s'éleve au deſſus,
qui eſt ſi bien pratiquée par dedans, que
l'on y monte à Cheval juſqu'au haut. Le
dehors en eſt tout peint & doré.

L'Archevêché de S. Jacques de Compo-
ſtelle vaut 60000. Ducats, & un Ducat
vaut 30. ſ. monnoye de France; ſon Chapitre en a cent mille.

L'Archevêché de Grenade vaut 40000.
Ducats.

Celui de Burgos à peu prés autant.

L'Archevêché de Sarragoſſe 50000.

L'E-

L'Evêché d'Avila, 20. mille Ducats de rente.

L'Archevêché de Valence 40. mille.

L'Evêché d'Astorgas douze mille.

L'Evêché de Cuença, plus de cinquante mille.

L'Evêché de Cordouë, environ 40. mille.

L'Evêché de Siguença, de même.

L'Evêché de Segovie, 25. mille.

L'Evêché de Calahorra, 20. mille.

L'Evêché de Salamanque, un peu plus.

L'Evêché de Placencia, 50. mille.

L'Evêché de Palencia, 25. mille.

L'Evêché de Jaca, plus de 30. mille.

L'Evêché de Malaga, 40. mille.

L'Evêché d'Osma, 22. mille.

L'Evêché de Zamora, 20. mille.

L'Evêché de Coria, 20. mille.

L'Evêché de Ciudad Rodrigo, 10. mille.

L'Evêché des Isles Canaries, 12. mille.

L'Evêché de Lugo, 8 mille.

L'Evêché de Mondonnedo, 10. mille.

L'Evêché d'Oviedo, 20. mille.

L'Evêché de Leon, 22. mille.

L'Evêché de Pampelune, 28. mille.

L'Evêché de Cadix, 12. mille.

L'Evêché d'Orense, 10. mille.

L'Evêché d'Onguela, 10. mille.

L'Evêché d'Almeria, 5000.

L'Evêché de Guadix, 9000.

L'Evêché de Tui, 4. mille.

L'Evêché de Badajoz, 18. mille.

L'E-

L'Evêché de Vailladolid, 15. mille.
L'Evêché de Huesca, 12. mille.
L'Evêché de Tarazona, 14. mille.
L'Evêché de Balbastro, 7. mille.
L'Evêché d'Albarracin, 6. mille.
L'Evêché de Teruel, 12. mille.
L'Evêché de Jaca, 6 mille.

Je ne dois pas ômettre de marquer, que la Cathedralle de Cordouë est extraordinairement belle ; elle fut batie par Abderhaman, qui régnoit sur tous les Maures d'Espagne. Elle leur servoit de Mosquée en l'an 787. mais les Chrêtiens ayant pris Cordouë en 1236. ils firent une Eglise de cette Mosquée. Elle a 24. grandes Portes toutes travaillées de Sculptures & d'Ornemens d'acier; sa longueur est de 600. pieds sur 50. de large; il y a 29. Nefs dans la longueur, & 19. dans la largeur; elle est parfaitement bien proportionnée & soûtenuë de 850. Colonnes, dont la plus grande partie sont de Jaspe, & les autres de Marbre noir d'un pied & demi de diametre, la Voûte est tres bien peinte, & l'on peut juger par là de l'humeur magnifique des Maures.

Il est difficile de croire, aprés ce que j'ai écrit de la Cathedrale de Cordouë, que celle de Leon soit plus considerable. Cependant rien n'est plus vrai; & c'est ce qui a donné lieu, à ce que l'on dit communément, que l'Eglise de Leon est la plus belle de toutes celles d'Espagne; l'Eglise de

Tole-

Tolede la plus riche ; celle de Seville la plus grande, & celle de Salamanque la plus forte.

La Cathedrale de Malaga est merveilleusement bien parée, & d'une juste grandeur ; les seules Chaises du Cœur ont coûté 105. mille écus, & tout le reste répond à cette magnificence.

Principauté de Catalogne.

L'Archevêché de Tarragone.
L'Evêché de Barcelone.
L'Evêché de Lerida.
L'Evêché d'Urgel.
L'Evêché de Girone.
L'Evêché de Vique.
L'Evêché de Salsona.
L'Evêché de Tortose.
L'Evêché d'Elm.

Dans l'Italie.

L'Archevêché de Brindes.
L'Archevêché de Lanciano.
L'Archevêché de Matera.
L'Archevêché d'Otrante.
L'Archevêché de Rocli.
L'Archevêché de Salerne.
L'Archevêché de Trani.
L'Archevêché de Tarante.
L'Evêché d'Ariano.
L'Evêché d'Acerra.

L'Evêché d'Aguila.
L'Evêché de Coſtan.
L'Evêché de Caſtelamare.

Au Royaume de Naples.

L'Evêché de Gaëte.
L'Evêché de Galipoli.
L'Evêché de Gniovenazzo.
L'Evêché de Mofula.
L'Evêché de Monopoli.
L'Evêché de Puzzol.
L'Evêché de Potenza.
L'Evêché de Trivento.
L'Evêché de Tropea.
L'Evêché Dugento.

Royaume de Sicile.

L'Archevêché de Palerme.
L'Archevêché de Montreal.
L'Evêché de Girgento.
L'Evêché de Mazara.
L'Evêché de Meſſine.
L'Evêché de Parti.
L'Evêché de Cefalu.
L'Evêché de Catania.
L'Evêché de Zaragoza.
L'Evêché de Malte.

A Milan.

L'Archevêché de Milan.

L'E-

L'Evêché de Vigevano.

Royaume de Majorque.

L'Evêché de Majorque.

Royaume de Sardagne.

L'Archevêché de Cagliari.
L'Archevêché d'Oristan.
L'Archevêché de Sacer.
L'Evêché d'Alguerales.
L'Evêché de Boza.
L'Evêché d'Ampurias.

En Afrique.

L'Evêché de Tanger.
L'Evêché de Ceuta.

Aux Indes Orientales.

L'Archevêché de Goa.
L'Evêché de Madere.
L'Evêché d'Angola dans les Isles Terceres
L'Evêché de Cabouerde.
L'Evêché de Saint Thomas.
L'Evêché de Cochin.
L'Evêché de Malata.
L'Evêché de Maliopor.
L'Evêché de Macao.
De tous les Archevêchez & Evêchez,
il ne revient rien au Pape de l'Evêque qui

ment,

meurt, ni pendant que le Benefice est vacant. On auroit peine à rapporter le nombre d'Abbayes & d'autres Dignitez auxquelles le Roi d'Espagne presente.

Il faut parler à present des six Archevêchez, & des trente deux Evêchez de la nouvelle Espagne, de ses Isles & du Perou.

L'Archevêché de la Ville de Los Reyes, Capitale de la Province du Perou, vaut trente mille Ecus de rente.

L'Evêché d'Arequipa seize mille.

L'Evêché de Truxillo quatorze mille.

L'Evêché de saint Francisco de Quito dix-huit mille.

L'Evêché de la grande Ville de Cuzco vingt-qua re mille.

L'Evêché de saint Jean de la Victoire huit mille.

L'Evêché de Panama six mille.

L'Evêché de Chilé cinq mille.

L'Evêché de Nôtre Dame de Chilé quatre mille.

L'Archevêché de Bogota du nouveau Royaume de Grenade quatorze mille.

L'Evêché de Popaya cinq mille.

L'Evêché de Cartagene six mille.

L'Evêché de Sainte Marie dix huit mille.

L'Archevêché de la Plata de la Province de Los Charcas soixante mille.

L'Archidiacre de cet Evêché en à cinq mille; le Maître des Enfans de Chœur, le Chantre & le Tresorier, chacun quatre mille, six Chanoines chacun trois mille.

Six

Six autres Dignitez, qui valent chacunes
dix huit cens écus, & l'on remarquera
par la richesse du Chapitre de la Plata,
que les autres n'en ont guére moins.

L'Archevêché de la Plata a pour Suffragans,

L'Evêché de Paz.

L'Evêché du Tucuman.

L'Evêché de Santa Crux de la Sierra.

L'Evêché de Paraquay de Buenos Ayres.

L'Evêché del Rio de la Plata.

L'Evêché de Saint Jacques dans la Province de Tucuman vaut six mille écus.

L'Evêché de Saint Laurens de las Barran-
cas douze mille.

L'Evêché de Paraguay seize mille.

L'Evêché de la Sainte Trinité quinze mille.

L'Archevêché de Mexico érigé en 1518.
vingt mille Reales.

L'Evêché de los Angelos cinquante mille
reales.

L'Evêché de Valadolid de la Province de
Mechoacan quatorze mille écus.

L'Evêché d'Antequera sept mille.

L'Evêché de Guadalaxara, Province de la
nouvelle Galice, sept mille.

L'Evêché de Durango 4. mille.

L'Evêché de Merida Capitale de la Province de Yucatan huit mille.

L'Evêché de Santiago de la Province de
Guatamala huit mille.

L'Evêché de Santiago de Leon, Suffra-
gant de l'Archevêché de Lima trois mille. C 7 L'E-

L'Evêché de Chiapa cinq mille.

L'Archevêché de San Domingo des Isles Espagnoles, Primat des Indes, trois mille.

L'Evêché de San Juan de Porto Rico, 50. mille Reales.

L'Evêché de l'Isle de Cuba huit mille écus.

L'Evêché de Santa Anna de Coro huit mille.

L'Evêché de Camayagua Capitale de la Province de Honduras trois mille.

L'Archevêché Metropolitain de Manila Capitale des Isles Philippines, trois mille Ecus que le Roi s'est obligé de lui payer par la Bulle accordée en 1595. Le Roi paye de même tout le Chapitre. Cet Archevêché a trois Suffragans ; l'un dans l'Isle de Cebu ; l'autre dans l'Isle de Luzon ; le troisiéme à Comorines.

Aprés avoir lû le Mémoire que l'Archevêque de Burgos m'avoit donné, & l'avoir fait copier, il se retira, en me priant de permettre qu'il m'envoyât son Oille, parce qu'elle étoit toute prête, & que je n'aurois rien de meilleur à mon souper. Je l'en remerciai, & je lui dis que la même raison m'engageoit à la refuser, puisque sans elle il feroit aussi mauvaise chere que nous.

Cependant Don Frederic de Cardone l'étoit déja allé querir, & il revint chargé d'une grande Marmite d'argent ; mais il fut bien attrapé de la trouver fermée avec une serrure : C'est la coûtume en Espagne,

il en voulut avoir la Clef du Cuisinier, qui
(trouvant mauvais que son Maître ne man-
geât point son Oille) répondit qu'il en
avoit malheureusement perdu la Clef dans
les Neiges, & qu'il ne sçavoit plus où la
prendre. Don Frederic fâché, voulut
malgré moi l'aller dire à l'Archevêque,
qui ordonna à son Major-Dôme de la faire trouver ; il menaça le Cuisinier, & la
Scene se passoit si prés de ma Chambre,
que je l'entendois toute : mais ce que j'y
trouvai de meilleur, c'étoit les réponses
du Cuisinier, qui disoit, *No puedo pade-*
cer la rina, sien do Christiano viejo, hi-
dalgo come el Rey y poco mas : Ce qui veut
dire, Je ne puis souffrir que l'on me que-
relle, étant de race de vieux Chrêtiens, No-
bles comme le Roi, & même un peu plus.

C'est ordinairement de cette maniere
que les Espagnols se prisent. Celui-ci n'é-
toit pas seulement glorieux, il étoit opi-
niâtre ; & quoique l'on pût faire & dire,
il ne voulut point donner la Clef de la Marmite : de sorte que l'Oille y demeura sans
que nous y eussions goûté. Nous nous couchâmes assez tard ; & comme je n'ai pas
été matinale, tout ce que j'ai pû faire
avant de partir, ç'a été de finir cette Lettre, & dés demain j'en recommencerai une
autre, où vous serez informée de la suite de
mon Voyage. Continuez, ma chere Cousine, d'y prendre un peu d'interêt ; c'est le
moyen de le rendre heureux & agréable.

À Bautrago ce 13. Mars 1679.

S E P-

SEPTIE'ME
LETTRE.

IL est bien aisé de s'apercevoir que nous
ne sommes pas loin de Madrid ; le tems
est beau malgré la saison, & nous n'avons
plus besoin de feu : mais une chose assez
surprenante, c'est que dans les Hôtelleries
qui sont les plus proches de cette grande
Ville, on y est traité bien plus mal que
dans celles qui en sont éloignées de cent
lieuës : l'on croiroit bien plûtôt arriver
dans des Deserts, que d'aprocher d'une
Ville où demeure un puissant Roi : & je
vous assûre, ma chere Cousine, que dans
toute nôtre route, je n'ai pas vû une Maison qui plaise, ni un beau Château ; j'en
suis étonnée, car je croyois qu'en ce Pais-
ci, comme au nôtre, je trouverois de
belles promenades & de petits Palais en-
chantez ; mais l'on y voit à peine quelques
Arbres qui croissent en dépit du Terroir :
& à l'heure qu'il est, bien que je ne sois

qu'à

qu'à dix lieuës de Madrid, ma Chambre
est de plein pied avec l'Ecurie ; c'est un
trou où il faut apporter de la lumiere à mi-
di : mais bon Dieu quelle lumiere, il vau-
droit mieux n'en point avoir du tout, car
c'est une Lampe qui ôte la joye par sa triste
lueur, & la santé par sa fumée puante :
l'on est allé par tout, & mêm: chez le Cu-
ré, pour avoir une chandelle, il ne s'en
est point trouvé, & je doute qu'il y ait des
Cierges dans son Eglise. Il régne ici un
fort grand air de pauvreté : Don Fernand
de Tolede, qui s'aperçoit de ma surprise, m'assure que je verrai de trés-belles
choses à Madrid : mais je ne puis m'empêcher de lui dire, que je n'en suis guére
persuadée ; il est vrai que les Espagnols
soûtiennent leur indigence, par un air de
gravité qui impose : il n'est pas jusqu'aux
Païsans qui ne marchent à pas comptez :
ils sont avec cela si curieux de nouvelles,
qu'il semble que tout leur bonheur en dépend : ils sont entrez sans ceremonie dans
ma chambre, la plûpart sans souliers, &
n'ayant sous les pieds qu'un méchant feu-
tre rattaché de corde : ils m'ont prié de
leur apprendre ce que je sçavois de la Cour
de France : aprés que je leur en eus parlé,
ils ont examiné ce que je venois de dire ;
& puis ils ont fait leurs reflexions entr'eux
dans lesquelles il paroissoit un fond d'Esprit
& de vivacité surprenant ; constamment
cette Nation a quelque chose de superieur

à bien

à bien d'autres. Il est venu parmi les autres
Femmes une maniere de Bourgeoise assez
jolie : elle portoit son enfant sur ses bras,
il est d'une maigreur affreuse : il avoit plus
de cent petites mains, les unes de geais,
les autres de terre ciselée attachées à son
col, & sur lui de tous côtez. J'ai demandé à sa Mere ce que cela signifioit ; elle
m'a répondu que cela servoit contre le mal
des yeux. Comment, lui ai je dit, est-ce
que ces petites mains empêchent d'y avoir
mal ? Assurément, Madame, a t elle re-
pliqué, mais ce n'est pas comme vous l'en-
tendez ; car vous sçaurez, s'il vous plait,
qu'il y a des gens en ce Païs qui ont un tel
poison dans les yeux, qu'en regardant fixement une personne, & particulierement
un jeune Enfant, ils le font mourir en lan-
gueur : j'ai vû un homme qui avoit un œil
malin, c'est le nom qu'on lui donne, &
comme il faisoit du mal lors qu'il regardoit de cet œil, on l'obligea de le couvrir
d'une grande emplâtre ; pour son autre œil,
il n'avoit aucune malignité, mais il arrivoit quelquefois qu'étant avec ses Amis,
lors qu'il voyoit beaucoup de poules ensemble, il disoit choisissez celle que vous
voulez que je tuë : on lui en montroit une ;
il ôtoit son emplâtre ; il regardoit fixement
la poule, & peu aprés elle tournoit plusieurs tours toute étourdie, & tomboit
morte. Elle prétend aussi qu'il y a des Ma-
giciens, qui regardant quelqu'un avec une

mau-

mauvaiſe intention, leur donnent une lan-
gueur qui les fait devenir maigres comme
des ſquelettes ; & ſon enfant m'a t'elle dit
en eſt frappé : mais le remede à cela , ce
ſont ces petites menottes qui viennent d'ordinaire de Portugal. Elle m'a dit encore que
c'eſt la coûtume, lors qu'on voit qu'une
perſonne nous regarde attentivement, &
qu'elle a aſſez méchante mine pour craindre qu'elle ne donne le mal d'Ojos (on
l'appelle ainſi, parce qu'il ſe fait par les
yeux) de lui preſenter une de ces mains de
geais ; ou la ſienne même fermée, & de
lui dire, *toma la mano*, ce qui veut dire,
prend cette main ; à quoi il faut que celui
qu'on ſoupçonne réponde, *Dios te bendiga*, Dieu te beniſſe ; & s'il ne le dit pas,
l'on juge qu'il eſt mal-intentionné, & là-
deſſus on peut le dénoncer à l'Inquiſition ;
ou ſi l'on eſt le plus fort , on le bat juſqu'à
ce qu'il ait dit , *Dios te bendiga*.

Je ne vous aſſure pas comme une choſe
certaine, que le conte de la Poule ſoit poſi-
tivement vrai ; mais ce qui eſt de vrai,
c'eſt qu'ici l'on eſt fortement perſuadé qu'il
y a des gens qui vous font du mal en vous
regardant, & même il y a des Egliſes où
l'on va en Pelerinage pour en être gueri.
Je demandai à cette jeune Femme s'il ne
paroiſſoit rien d'extraordinaire dans ce
qu'ils appellent les yeux malins : Elle m'a
dit que non, ſi ce n'eſt qu'ils ſont remplis
d'une vivacité & d'un tel brillant, qu'il
ſem-

semble qu'ils soient tout de feu, & qu'on
diroit qu'ils vont vous penetrer comme un
dard : Elle m'a dit encore, que depuis peu
l'Inquisition avoit fait arrêter une vieille
Femme que l'on accusoit d'être Sorciere ;
& qu elle croyoit que c'étoit-elle qui avoit
mis son Enfant au pitoyable état où je le
voyois. Je lui ai demandé ce que l'on feroit de cette Femme : Elle m'a dit que s'il
y avoit des preuves assez fortes, on la brû-
leroit infailliblement, ou qu'on la laisse-
roit dans l'Inquisition, & que le meilleur
parti pour elle, c'étoit d'en sortir avec le
foüet dans les rues : Qu'on attache ces Sor-
cieres à la queuë d'un Asne, ou qu'on les
monte dessus coëffées d'une Mitre de papier
peinte de toutes couleurs, avec des écri-
teaux qui apprennent les crimes qu'elles
ont commis : Qu'en ce bel équipage on
les promene par la Ville, où chacun a la
liberté de les fraper, ou de leur jetter de la
boüe. Mais, lui ai-je dit par où trouvez-
vous que si elles restoient en prison, leur
condition seroit pire O Madame, m'a-t-elle
dit, je voy bien que vous n'étes pas encore informée de ce que c'est que l'Inquisition ; tout ce que l'on en peut dire, n'approche point des rigueurs que l'on y exer-
ce : L'on vous arrête & l'on vous jette dans
un cachot ; vous y passez deux ou trois
mois, quelquefois plus ou moins, sans
que l'on vous parle de rien : Au bout de ce
tems on vous mene devant les Juges, qui
d'un

d'un air severe vous demandent pourquoi
vous êtes là ; il est assez naturel de répondre que vous n'en sçavez rien. Ils ne vous
en disent pas davantage, & vous renvoyent
dans cet affreux cachot ; où l'on souffre
tous les jours des peines mille fois plus
cruelles que la mort même : L'on n'en
meurt pourtant pas, & l'on est quelquefois
un an en cet état. Au bout de ce tems, on
vous remene devant les mêmes Juges, ou
devant d'autres : car ils changent, & vont
en differens Païs : ceux-là vous demandent encore pourquoi vous êtes detenu,
vous répondez que l'on vous a fait prendre,
& que vous en ignorez le sujet. On vous
renvoye dans le cachot sans parler davantage. Enfin l'on y passe quelquefois la vie.
Et comme je lui ai demandé, si c'étoit la
coûtume que l'on s'accusat soi même : Elle
m'a dit que pour certaines gens c'étoit assurément le meilleur & le plus court : Mais
que les Juges ne tenoient cette conduite
qu'avec ceux contre lesquels ils n'avoient
pas de preuves assez fortes : car d'ordinaire, lors que quelqu'un accuse une personne de crimes capitaux, il faut que le dé-
nonciateur reste en prison avec le criminel,
& cela est cause que l'on y est un peu plus
moderé : Elle m'a conté des particularitez,
des Supplices, & de toutes leurs manieres,
dont je ne veux point remplir cette Lettre,
rien n'est plus effroyable : Elle m'a dit encore, qu'elle a connu un Juif nommé Ismaël

maël, qui fût mis dans la Prison de l'Inquisition de Seville avec son Pere, qui étoit
un Rabin de leur Loi. Il y avoit quatre ans
qu'ils y étoient, lors qu'Ismaël ayant fait
un trou, grimpa jusqu'au plus haut d'une
Tour, & se servant des cordes qu'il avoit
préparées, il se laissa couler le long du mur
avec beaucoup de peril : mais lors qu'il fût
descendu il se reprocha qu'il venoit d'aban-
donner son Pere ; & sans considerer le ris-
que qu'il couroit de plus d'une maniere;
puisque son Pere & lui étoient jugez, &
devoient être conduits dans peu de jours à
Madrid avec plusieurs autres, pour y souffrir le dernier supplice, il ne laissa pas de se
déterminer ; il remonta généreusement
sur la Tour, descendit dans son cachot,
en tira son Pere, le fit sauver avant lui
& se sauva ensuite. J'ai trouvé cette action
fort belle, & digne d'être donnée pour
exemple aux Chrêtiens, dans un siecle où le
cœur se revolte aisément contre les devoirs
les plus indispensables de la nature. Je con-
tinuois d'entretenir avec plaisir cette bonne Espagnole, lors que Constance, celle
de mes Femmes que vous connoissez, m'est
venu dire avec beaucoup d'empressement,
qu'elle venoit de voir Monsieur Daucourt,
& que si je voulois elle l'iroit appeller :
C'est un Gentilhomme qui est riche, &
que j'ai connu à Paris : Il est honnête garçon, homme d'esprit, & bien fait de sa
personne : Je sçai qu'il a à Madrid son
Frere

Frere, lequel est auprés de Don Juan d'Autriche : ayant témoigné que je serois bien-
aise de lui parler, Constance l'est allé chercher, & me l'a amené. Aprés les premieres honnêtetez, & m'être informée des
nouvelles de ma Parente, que je croyois
bien qu'il connoissoit, je lui demandai
de ses nouvelles particulieres, & s'il étoit
bien content de son Voyage. Ah! Madame, ne me parlez pas de mon Voyage,
s'est-il écrié, il n'en a jamais été un plus
malheureux; & si vous étiez venuë quelques jours plutôt, vous m'auriez vû pendre : Comment, lui ai-je dit, qu'enten-
dez-vous par là. J'entends m'a-t-il dit,
que tout au moins j'en ai eu la peur entiere, & que voici bien le Païs du monde le
plus déplaisant pour les Etrangers : Mais,
Madame, si vous avez assez de loisir, &
que vous en vouliez sçavoir davantage, je
vous conterai mon avanture. Elle est sin-
guliere, & vous prouvera bien ce que j'ai
l'honneur de vous dire. Vous me ferez
beaucoup de plaisir, lui ai-je dit, nous
sommes ici dans un lieu où quelque nouvelle agreablement contée, nous fera d'un
grand secours, il la commença aussi-tôt en
cette maniere.

Quelques affaires qui me regardent, &
l'envie de revoir un Frere dont j'étois éloigné depuis plusieurs années, m'oblige-
rent, Madame, de faire le Voyage de
Madrid : je ne sçavois guére les coutumes

de cette Ville-là, je croyois que l'on alloit chez les femmes sans façon; que l'on joüoit, que l'on mangeoit avec elles : mais je fus étonné d'apprendre, que chacune d'elles est plus retirée dans sa Maison, qu'un Chartreux ne l'est dans sa Cellule: & qu'il y avoit des gens qui s'aimoient depuis deux ou trois ans, qui ne s'étoient encore jamais parlé. Des manieres si singulieres me firent rire ; je dis là-dessus toutes les bonnes & les mauvaises plaisanteries qui me vinrent en l'esprit : mais je traitai la chose plus serieusement, lorsque j'appris que ces Femmes si bien enfermées, étoient plus aimables que toutes les autres Femmes ensemble : qu'elles avoient une delicatesse, une vivacité, & des manieres que l'on ne trouvoit que chez elles : que l'amour y paroissoit toûjours nouveau, & que l'on ne changeoit jamais une Espagnolle que pour une autre Espagnolle. J'étois au desespoir ; des difficultez qu'il y avoit pour les aborder ; un de mes Amis appellé Belleville, qui avoit fait le Voyage avec moi, & qui est un joli garçon, n'enrageoit guére moins de son côté que je faisois du mien : mon Frere qui craignoit qu'il ne nous arrivât quelque fâcheux accident, nous disoit sans cesse que les Maris en ce Païs-ci étoient trés-jaloux, grands tueurs de gens, & qui ne faisoient pas plus de difficulté de se défaire d'un Homme que d'une Mouche. Cela n'accommodoit guére deux

hom-

hommes qui n'étoient pas encore las de vivre.

Nous allions dans tous les endroits où
nous croyions voir des Dames : nous en
voyions en effet ; mais ce n'étoit pas con-
tentement ; toutes les reverences que nous
leur faisions ne nous produisoient rien,
chacun de nous revenoit tous les soirs fort
las & fort dégoûté de nos inutiles Promenades.

Une nuit que Belleville & moi fûmes
veiller au Prado, c'est une Promenade
plantée de grands Arbres, ornée de plusieurs Fontaines jaillissantes, dont l'eau
qui tombe à gros bouillons dans des Bas-
sins, coule quand on le veut dans le Cours
pour l'arroser, & la rendre plus fraiche &
plus agreable : Cette nuit là, dis-je, étoit
la plus belle que l'on pouvoit souhaiter.
Aprés avoir mis pied à terre, & renvoyé nôtre Carosse, nous nous promenâmes doucement ; & nous avions déja fait quelques
tours d'Allées, lorsque nous nous allimes
sur le bord d'une Fontaine ; nous com-
mençâmes là de faire nos plaintes ordinaires. Mon cher Belleville, dis je à mon
Ami, ne serons-nous jamais assez heureux pour trouver une Espagnolle qui soit
de ces spirituelles & de ces engageantes
tant vantées. Helas ! dit il, je le desire
trop pour l'esperer ; nous n'avons trouvé
jusques ici que de ces laides creatures qui
courent aprés les gens pour les faire deses-

perer, & qui font fous leurs Mantilles blanches plus jaunes & plus dégoûtantes que des Bohémiennes ; je vous avouë que celles-là ne me plaifent point, & que malgré leur vivacité je ne puis me refoudre de lier une converfation avec elles.

Dans le moment qu'il achevoit ces mots, nous vîmes fortir d'une porte voifine deux Femmes ; elles avoient quitté leurs Jupes de deffus, qui font toûjours fort unies ; & quand elles entr'ouvroient leurs Mantes, le clair de la Lune nous les faifoit voir toutes brillantes d'Or & de pierreries. Vrai Dieu, s'écria Belleville, voici tout au moins deux Fées ! Parlez mieux, lui dis-je; ce font tout au moins deux Anges. En les voyant approcher nous nous levámes, & leur fîmes la plus profonde reverence que nous euffions jamais faites. Elles pafferent doucement, & nous regarderent tantôt d'un œil & tantôt de l'autre, avec les petites minauderies qui fiéent fi bien aux Efpagnolles. Elles s'éloignerent un peu; nous étions en doute fi elles reviendroient fur leurs pas, ou fi nous devions les fuivre; & pendant que nous deliberions enfemble, nous les vîmes approcher ; elles s'arrêterent quand elles furent proches de nous; une d'elles prit la parole, & nous demanda fi nous fçavions l'Efpagnol. Je voi à vos habits, continua-t-elle, que vous êtes Etrangers ; mais dites-moi, je vous prie, de quel Païs vous êtes. Nous lui répondî-

mes

mes que nous étions François, que nous
parlions affez mal l'Espagnol ; mais que
nous avions grande envie de le bien apprendre ; que nous étions perfuadez que
pour y réuflir, il falloit aimer une Espagnole, & qu'il ne tiendroit pas à nous, fi nous
en trouvions quelqu'une qui voulût être aimée. L'affaire eft delicate, reprit l'autre
Dame qui n'avoit point encore parlé, &
je plaindrois celle qui s'y embarqueroit ;
car l'on m'a dit que les François ne font
pas fideles. Ha ! Madame, s'écria Belleville, on a eu deffein de leur rendre un
mauvais office auprés de vous, mais c'eft
une médifance qu'il eft aifé de détruire ;
& bien que je donnaffe mon cœur à une jolie femme, je fens bien que je ne pourrois pas le reprendre de même. Et quoi?
interrompit celle qui m'avoit déja parlé,
êtes-vous capable de vous engager fans reflexion à une premiere vue, j'en aurois
un peu moins bonne opinion de vous. Ha
pourquoi, s'écria-t-il, Madame, perdre un tems qui doit être fi precieux ? s'il
eft bon d'aimer, il eft bon de commencer
tout le plûtôt que l'on peut ; les cœurs qui
font nez pour l'amour, s'ufent & fe gâtent quand ils n'en ont point. Vos maximes font galantes, dit-elle ; mais elles me
paroiffent dangereufes ; il ne faut pas feulement éviter de les fuivre, je tiens qu'il
faut éviter de les entendre : & en effet elles vouloient fe retirer, lorfque nous les

D 2   pria-

priâmes avec beaucoup d'inftance, de ref-
ter encore quelques momens au Prado, &
nous leurs dîmes l'un & l'autre tout ce qui
pouvoit les obliger de fe faire connoître,
& de nous donner la fatisfaction de les voir
fans leurs Mantes. La converfation étoit
affez vive, & affez agreable ; elles avoient
infiniment d'efprit ; & comme elles fça-
voient ménager tous leurs avantages, elles nous montroient leurs mains en rac-
commodant fans affectation leurs coëffu-
res ; & ces mains étoient plus blanches que
la Neige : malgré le foin apparent qu'elles
prenoient de fe cacher, nous les voyions
affez pour remarquer qu'elles avoient le
tein fort beau, les yeux vifs, & les traits
affez reguliers. Nous les quittâmes le plus
tard que nous pûmes, & nous les conjurâ-
mes de revenir quelquefois à la promenade, ou de nous accorder la permiffion d'aller chez elles. Elles ne convinrent de rien;
& en effet, nous fûmes plufieurs fois de fuite au Prado, & toûjours proche de la Fontaine où nous les avions vûes la premiere
fois, fans que nous puffions les appercevoir. Voilà bien du tems perdu, difions
nous; quel moyen de paffer fa vie dans cette grande oifiveté, il faut renoncer à des
Dames d'un accès fi difficile. C'étoit bien
auffi nôtre deffein, mais il ne dura guére :
car à peine l'avions nous formé, que nous
vîmes fortir de la même porte, les deux inconnuës. Nous les abordâmes refpectueu-

feſement, & nos manieres honnêtes ne leur déplurent pas. Belleville donna la main à la plus petite, & moi à la plus grande. Je tâchai de lui faire connoître l'impatience que j'avois euë de la revoir. Je lui fis des reproches, auſquels elle ne me parut point indifferente ; & devenant plus hardi, je lui parlai des ſentimens qu'elle m'avoit inſpiré, & je l'aſſurai qu'il ne tiendroit qu'à elle de m'engager pour le reſte de ma vie, elle me parut tot reſervée ſur la plus petite marque de bonté. Dans la ſuite de nôtre converſation, elle me dit qu'elle étoit heritiere d'un aſſez grand bien ; qu'elle s'appelloit Inés, que ſon Pere avoit été Chevalier de Saint Jaques & qu'il étoit d'une qualité diſtinguée ; que celle qui l'accompagnoit ſe nommoit Iſabelle, & qu'elles étoient Couſines. Toutes ces particularitez me firent plaiſir, parce que je trouvois en elle une Perſonne de naiſſance, & que cela flattoit ma vanité. Je la priai en la quittant, de m'accorder la permiſſion de l'aller voir. Ce que vous deſirez eſt en uſage dans vôtre Païs, me dit elle ; & ſi j'y étois, je me ferois un plaiſir d'en ſuivre les Coûtumes ; mais les nôtres ſont differentes ; & bien que je ne comprenne aucun crime en ce que vous me demandez, je ſuis obligée de garder des meſures de bien-ſéance auſquelles je ne veux point manquer. Je chercherai quelque moyen de vous voir ſans cela, repoſez-vous en

 ſur-

ſur moi, & ne me ſachez pas mauvais
gré de vous refuſer une choſe dont je ne
ſuis pas abſolument la Maîtreſſe. Adieu,
continua-t-elle, je penſerai à ce que vous
ſouhaitez, & je vous informerai de ce
que je puis. Je lui baiſai la main, & me
retirai fort touché de ſes manieres, de ſon
eſprit, & de ſa conduite.

Auſſi-tôt que je me trouvai ſeul avec
Belleville, je lui demandai s'il étoit content de la converſation qu'il venoit d'avoir.
Il me dit qu'il avoit ſujet de l'être, & qu'I-
ſabelle lui paroiſloit douce & aimable.
Vous êtes bienheureux, lui dis-je, de
lui avoir déja trouvé de la douceur. Inés
ne m'a pas donné lieu de croire qu'elle en
a, ſon caractere eſt enjoüé, elle tourne
tout ce que je lui dis en raillerie, & je de-
ſeſpere de lier une affaire ſerieuſe avec elle.
Nous demeurâmes quelques jours ſans les
voir, ni perſonne de leur part ; mais un
matin que j'entendois la Meſſe, une vieille Femme cachée ſous ſa Mante, s'approcha de moi, & me preſenta un Billet, où
je lûs ces mots :

Vous me paroiſſez trop aimable pour vous
voir ſouvent, & je vous avoüe que je me
defie un peu de mon cœur; ſi le vôtre eſt ve-
ritablement touché pour moi, il faut ſon-
ger à l'Hymen. Je vous ai dit que je ſuis ri-
che, & je vous ai dit vrai : Le parti que
je vous offre n'eſt point mauvais à prendre :
Pen-

Pensez-y, je me trouverai ce soir aux bords
du Mansanarez, où vous me pourrez dire
vos sentimens.

Comme je n'étois pas en lieu où j'eusse
dequoi lui faire Réponse, je me conten-
tai de lui écrire sur mes Tablettes.

Vous êtes en état de me faire faire le
voyage que vous voudrez. Je sens bien que
je vous aime trop pour mon repos, & que
je devrois me defier beaucoup plus de ma
foiblesse, que vous n'avez sujet de vous dé-
fier de la vôtre : Cependant je me trouve-
rai au Mansanarez, resolu de vous obéir,
quoi que vous vouliez de moi.

Je donnai mes Tablettes à cette honnête
Messagere, qui avoit bien la mine d'en
voler les Plaques & les Fermoirs avant que
de les rendre. Je priai Belleville de me laif-
ser aller seul à mon rendez-vous. Il me dit
qu'il en avoit de la joye, parce qu'Isabelle
l'avoit fait avertir qu'elle lui vouloit parler
en particulier à la Floride. Nous atten-
dimes avec impatience l'heure marquée,
& nous nous séparames tous deux, aprés
nous être souhaité une heureuse avanture.

Dés que je fus arrivé au bord de l'eau, je
regardai avec soin tous les Carosses qui
passoient ; mais il m'auroit été difficile d'y
rien connoître, parce qu'ils étoient fermez
avec de doubles Rideaux. Enfin, il en
vint un qui s'arrêta, & j'apperçu des Fem-

 mes

mes qui me faisoient signe de m'approcher.
Je le fis promptement ; c'étoit Ines, qui
étoit encore plus cachée qu'à son ordinaire, & que je ne pouvois discerner d'avec
les autres, qu'au son de sa voix. Que vous
étes mysterieuse, lui dis-je; pensez vous,
Madame, qu'il n'y ait pas dequoi me faire mourir de chagrin de ne vous voir jamais, & d'en avoir toûjours tant d'envie.
Si vous voulez venir avec moi, me dit-elle, vous me verrez, mais je veux dés ici
vous bander les yeux. En verité, lui dis-
je, vous m'avez paru fort aimable jusqu'à
present ; mais ces airs mysterieux qui ne
menent à rien, & qui font souffrir, ne me
conviennent guére. Si je suis assez malheureux pour que vous me croyiez un mal-
honnête Homme, vous ne devez jamais
vous fier en moi, mais au contraire, si
vous m'avez donné vôtre estime, vous
me la devez témoigner par un procedé plus
franc. Vous devez être persuadé, interrompit elle, que j'ai de puissantes raisons d'en
user comme je fais ; puisque malgré ce que
vous venez de me dire, je ne change point
de résolution : la chose cependant dépend
de vous ; mais à mon égard je ne souffrirai
point que vous montiez dans mon Carôsse
qu'à cette condition. Comme les Espagnolles font naturellement opiniâtres, je choi-
fis plûtôt de me laisser bander les yeux,
que de rompre avec elle. J'avouë que j'a-
vois quelque sorte de vanité de ces apparences

ces de bonne Fortune, & je m'imaginois
être avec quelque Princeffe, qui ne vouloit
pas que je la connuffe dans ce moment;
mais que je trouverois dans la fuite une des
plus parfaites & des plus riches de l'Efpagne.   Cette vifion m'empêcha de m'oppo-
fer plus long-tems à ce qu'elle vouloit.   Je
lui dis qu'elle étoit la Maîtreffe de me bander les yeux, & même de me les crever, fi
elle y trouvoit quelque plaifir. Elle m'attacha un mouchoir autour de la tête, fi ferré,
qu'elle me fit d'abord une douleur effroyable : je me mis enfuite auprés d'elle ;
il étoit déja nuit, je ne fçavois point ou
nous allions, & je m'abandonnai abfolu-
ment à fa conduite.

Iñes avoit avec elle deux autres Filles; le
Caroffe fit tant de tours, que nous courû-
mes la plus grande partie des Ruës de Madrid.   Iñes m'entretenoit avec trop d'Efprit, pour que je m'apperçuffe de la longueur du chemin ; & j'étois charmé de
l'entendre, lorfque nôtre malheureux
Caroffe, qui étoit affez mal attelé, fut
accroché par un autre, & renverfé tout
d'un coup.   Ainfi nous nous trouvâmes
dans ce que l'on appelle la Marée ; c'eft à
dire dans un des plus grands, & des plus
vilains Ruiffeaux de la Ville. Je n'ai jamais
été fi chagrin que je le fus; les trois Seigne-
ras étoient tombées fur moi, elles m'é-
touffoient par leur pefanteur, & me rendoient fourd par leurs cris. Mes yeux

étoient toûjours bandez, & mon visage se
trouvoit tourné d'une certaine maniere
que je ne pouvois crier à mon tour, sans
avaler de cette eau puante. C'est là que je
fis quelques reflexions sur les contre-tems
de la vie ; & quoique j'aimasse beaucoup
Inés, je sentois que je m'aimois encore davantage, & que j'aurois souhaité de ne l'a-
voir jamais vûe. Sans que j'aye positivement sçû ce qui se passa, je me sentis deli-
vré du fardeau qui m'accabloit ; & lorsque
je me fus relevé à l'aide de quelques Gens
qui me tirerent de là, je ne trouvai plus
Inés, ni ses Compagnes. Ceux qui étoient
autour de moi, rioient comme des Fous,
de me voir les yeux bandez, & si moüillé
de cette eau noire, qu'il sembloit que l'on
m'eût trempé dans de l'ancre. Je demandai au Cocher où étoit sa Maîtresse : Il me
dit que la Dame avec qui j'étois n'étoit
point sa Maîtresse, & qu'elle s'en étoit al-
lée en me maudissant ; qu'elle étoit fort
crotée ; qu'il ne la connoissoit point, &
qu'elle lui avoit seulement dit en partant,
que c'étoit moi qui le payerois. Et où l'as-
tu donc prise, lui dis-je ? A la Porte de las
Delcalças Reales, me dit-il ; une vieille
Femme m'est venu querir, & m'a mené
prendre celle là. Je l'obligeai pour mon
argent de me conduire chez moi J'atten-
dis Belleville avec une impatience mêlée de
chagrin ; il revint fort tard, & fort content d'Isabelle, à laquelle il trouvoit assez
de bonté, & bien de l'esprit.   Je

Je lui racontai mon avanture, il ne pût
s'empêcher d'en rire de tout son cœur ; &
comme il avoit un fond de joye extraordinaire, il me fit cent plaisanteries, qui
acheverent de me mettre de tres-mauvaise
humeur ; Nous ne nous couchâmes qu'au
jour, & je me levai seulement pour aller
faire un tour au Prado avec lui. Comme
nous passions sous des Fenêtres assez basses,
j'entendis Inès qui me dit, Cavalier, n'allez
pas si vîte, il est bien juste de vous demander
comment vous vous trouvez de la chûte
d'hier au soir. Mais vous même, belle Inès,
lui dis-je en approchant de la fenêtre, que
devintes vous? & n'étois-je pas déja assez à
plaindre sans avoir le malheur de vous perdre: Vous ne m'auriez pas perduë, continua-
t'elle, sans qu'une Dame de mes parentes,
qui passa dans ce moment, reconnut le son
de ma voix ; je fus obligée malgré moi de
monter avec elle dans son Carosse, car je ne
voulois pas qu'elle vit que nous étions ensemble. Bien que le Cocher m'en eut parlé
d'une autre maniere, je n'osai pas entrer
dans un plus grand éclaircissement, crainte de lui faire quelque peine, & je lui demandai avec beaucoup de tendresse, quand
je pourrois lui dire sans obstacle jusqu'où
alloit ma passion & mon respect pour elle.
Ce sera bien tôt, me dit-elle ; car je commence à croire que vous m'aimez, mais
il faut que le tems me confirme cette opinion. Ah ! cruelle, lui dis-je, vous ne

m'aimez guere, de differer toûjours ce
que je vous demande avec tant d'inftance.
Avoüez la verité, continua t-elle, & dites-moi fi vous me voulez époufer. Je veux
vous époufer fi vous le voulez, lui dis-je,
cependant je ne vous ai encore jamais bien
vûë, & je n'ai point l'avantage de vous
connoître. Je fuis riche, ajouta t-elle,
j'ai de la naiffance, & l'on me flatte d'a-
voir quelque merite perfonnel ; vous avez
tout ce qu'il faut avoir, lui dis je, pour
me plaire plus que perfonne du monde :
vôtre efprit m'a enchanté, mais vous me
mettez quelquefois au defefpoir, & j'aimerois mieux mourir tout d'un coup que
de tant fouffrir. Elle fe prit à rire, & depuis ce foir-là il ne s'en paffa point que je ne
l'entretinffe au Prado, au Manfanarez, ou
dans des Maifons qui m'étoient inconnuës,
& où elle prenoit foin de me faire conduire. A la verité je n'entrois point dans la
chambre avec elle, & je lui parlois feulement au travers des jaloufies, où je faifois
pendant quatre heures durant le plus im-
pertinent perfonnage du monde : J'avoüe
qu'il faut être en Efpagne pour s'accom-
moder de ces manieres, mais effectivement
ment j'aimois Ines ; je lui trouvois quelque chofe de vif & d'engageant, qui m'a-
voit furpris & touché.

Je l'avois été trouver dans un Jardin où
elle m'avoit mandé de venir, & où elle
m'avoit fait plus d'amitié qu'à fon ordinaire.

ñaire. Comme elle vit qu'il étoit tard, elle m'ordonna de me retirer; je lui obeïs avec peine; & je passois dans une rue fort étroite, lors que j'apperçûs trois hommes, qui l'épée à la main en attaquoient un tout seul, & qui se défendoit vaillamment : je ne pûs souffrir une partie si inégale : Je courus pour le seconder; mais dans le moment que je l'abordois, on lui porta un coup qui le fit tomber sur moi comme un homme mort. Ces assassins prirent la fuite avec une grande diligence; & le bruit ayant attiré beaucoup de gens qui me virent encore l'épée à la main, on ne douta point que je ne fusse du nombre des coupables. Ils se disposoient à me prendre; mais m'étant apperçû de leurs mauvaises intentions, je cherchai plûtôt mon salut dans ma fuite que dans mon innocence. J'étois poursuivi de prés; & de quelque côté que je pusse aller, l'on me coupoit chemin. Dans cette extrêmité, j'entrevis une porte entr'ouverte, je me glissai dedans sans que l'on m'eût vu entrer, & tout à tâton je montai jusques dans une Salle fort obscure. J'apperçûs de la lumiere au travers d'une porte. J'étois bien en peine si je devois l'ouvrir, & au cas qu'il y eut du monde ce que j'avois à dire. J'ai l'air effrayé, disois je en moi même, & l'on me prendra peut-être pour un homme qui vient de faire un mauvais coup, & qui cherche les moyens d'en faire encore un autre; je con-

sultai long tems, j'écoutai avec grande
attention si l'on ne parloit point, & n'ayant
rien entendu enfin je me hasardai, j'ou-
vris doucement la porte, je ne vis personne; je regardai promptement où je pourrois me cacher; il me sembla que la Tapisserie avançoit en quelques endroits, &
en effet je me mis derriere dans un petit
coin : Il y avoit peu que j'y étois, lors que
je vis entrer Innes & Isabelle. Je ne puis
vous representer, Madame, combien je fus
agreablement surpris, de connoître que
j'étois dans la Maison de ma Maîtresse : Je
ne doutai point que la fortune ne se fut mise dans mes interêts; je n'apprehendois
plus rien de ceux qui pouvoient encore me
chercher, & j'étois prêt à m'aller jetter à
ses pieds, lorsque j'entendis Isabelle commencer la conversation. Qu'as-tu fait aujourd'hui, dit elle, ma chere Innes ? As-tu
vû Daucour ? Oüi, dit Innes, je l'ai vû,
& j'ai lieu de croire qu'il m'aime éperduëment, ou toutes mes régles seroient bien
fausses; il parle trés serieusement de m'é-
pouser; ce qui m'embarasse, c'est qu'il
veut me voir & me connoître. Et comment
pourras tu te deffendre de l'un & de l'autre?
poursuivit Isabelle. Je ne pretends pas aussi
m'en deffendre, reprit Innes : mais je mé-
nagerai mes avantages autant que je le
pourrai; je n'irai pas m'aviser de me mettre au grand jour avec tous les rideaux ou-
verts? je pretends qu'ils soient bien fermez,

&

& que les fenêtres ne laissent passer que de foibles rayons du Soleil, qui servent à embellir. A l'égard de ma Naissance; J'ai fait dresser une Généalogie autentique, il n'en coûte qu'un peu de Parchemin demi usé & rongé des souris; & pour l'argent contant, tu sçais que mon Amant le fidele Don Diego m'en doit prêter : Lors que Daucour l'aura compté & reçû, il ne s'avisera pas de soupçonner que des voleurs doivent le lui enlever la même nuit de nôtre Mariage: J'ai loué aujourd'hui un bel appartement tout meublé ; ainsi tu conviendras que je n'ai rien négligé de tout ce qui peut faire réussir une affaire qui m'est si avantageuse, & que je souhaite tant. Tes précautions paroissent justes, dit Isabelle ; néanmoins je crains le dénoüement de la piece. Mais toi-même, ma chere, interrompit Inés, que fais-tu ? Bien moins de progrés du côté de l'himen, dit Isabelle ; mais à la vérité, ce n'est point mon but : Je trouve que Belleville est un honnête homme ; je sens que je l'aime ; je ne souhaite que la possession de son cœur ; & je crois que je serois fachée qu'il voulût m'épouser. Ton goût est bisare, dit Inés, tu l'aimes, ta fortune n'est pas des meilleures, tu serois heureuse avec lui, & cependant tu ne serois pas bien aise d'être sa femme. Et qui t'a dit que je serois heureuse avec lui ! interrompit Isabelle ; l'amour est si capricieux, qu'à peine les premiers momens

de l'Himen en font agreables; l'amour,
dis-je, veut quelque chofe qui le reveille
& qui le pique. Il fe fait un ragoût de la
nouveauté, & quel moyen qu'une Femme
foit toûjours nouvelle ? Et quel moyen
auffi, s'écria Iñes, qu'une Maîtreffe le foit
toûjours! va, mon Ifabelle, tes maximes
à la mode ne font pas raifonnables. Ce que
tu pretends, reprit Ifabelle, l'eft bien
moins à mon gré; & fi tu m'en veux croire, tu feras de ferieufes reflexions fur ton
âge; car pour te parler naturellement, tu
es vieille, & fort vieille; eft-il permis à
foixante ans de vouloir tromper un homme de trente ? il fera enragé contre toi; il
te quittera tres-affurément; ou bien il te
rouëra de coups; il arrivera même qu'il
ne te laiffera qu'aprés t'avoir affommée.
Iñes étoit vive & promte, elle prit pour
un reproche fanglant ce qu'Ifabelle lui difoit fur fon âge; & elle lui donna le plus
furieux foufflet qui s'étoit peut-être jamais
donné; l'autre peu patiente de fon naturel, lui en rendit deux. Iñes rifpofta d'une
douzaine de coups de poings, qui ne lui
furent pas dûs long-tems : Ainfi mes deux
championnes entrerent dans le champ de
bataille : elles commencerent un fi plaifant
combat entre elles, que j'en étouffois de
rire dans mon coin, & que j'avois beaucoup de peine à m'empêcher d'éclater; car
je n'y prenois plus d'interêt, comme vous
le pouvés bien penfer, Madame, aprés ce
que

que j'avois entendu de la piéce que l'on me
preparoit avec tant de malice, & il m'é-
toit bien naturel de ne regarder plus Inès
que comme une insigne friponne. Isabelle qui sçavoit les endroits foibles de son en-
nemie, s'en prevalut si à propos, qu'é-
tant plus jeune & plus forte, elle lui arracha la coëffure, & la laissa toute pelée.
Je n'ai de ma vie été plus surpris, que de
voir tomber ainsi des cheveux qui m'a-
voient parû si beaux, & que je croyois à elle : Mais ce ne fut qu'un prelude, car d'un
coup de poing, elle lui fit sauter quelques
dents de la bouche, & deux petites bou-
les de liege, qui aidoient à soutenir les
joües creuses. La noise finit là, parce que
leurs Femmes de chambre qui avoient entendu ce vacarme accoururent, & les se-
parerent avec beaucoup de peine ; elles se
dirent les dernieres duretez, jusqu'à se
menacer de reveler à l'Inquisition des crimes affreux qu'elles se reprochoient.

Inès se trouvant seule avec celle qui la
servoit, se regarda long tems dans un
grand Miroir ; & elle protesta qu'il n'y
avoit point d'outrages qu'elle ne fit à Isabelle pour se vanger de ceux qu'elle venoit
d'en recevoir : Ensuite elle s'assit & prit un
peu de repos : On rapporta une petite Table devant elle, sur laquelle elle mit un
œil d'émail qui remplissoit la place de celui qui lui manquoit, elle s'ôta aussi tôt
tant de blanc, & tant de rouge, que sans

exageration on en eut bien fait un mafque.
Il feroit difficile , Madame, de vous exprimer la laideur extraordinaire de cette
femme , qui m'avoit femblé fort belle
jufqu'à ce moment. Je me frotois les yeux;
je faifois comme un homme qui croit ré-
ver, & faire un mauvais fonge. Enfin elle
fe deshabilla , & fe mit prefque nuë :
C'eft ici que je ne vous reprefenterai rien
de cette affreufe carcaffe : Mais affurément
il n'a jamais été un meilleur remede d'A-
mour; elle avoit des concavitez par tout
où les autres ont des élevations : Il fembloit que c'étoit un Squelette qui couroit
dans la chambre par le moyen de quelque
reffort : Elle étoit en juppe avec une mantille blanche fur fes épaules , la tête chau-
ve, & fes petits bras maigres tous dé-
couverts ; elle fe fouvint que pendant le
combat fes Bracelets de Perles s'étoient dé-
filez , elle voulut les ramaffer , & elle eut
beaucoup de peine à les retrouver; fa Femme de chambre lui aidoit à les chercher ;
elles les contoient enfemble, & elles les
avoient toutes, à la referve de deux qui furent bien maudites pour moi : Ines jura
par Saint Jacques Patron d'Efpagne,qu'elle ne fe coucheroit point qu'elle ne les eût
retrouvées : fa femme de chambre & elle
regarderent par tout,tirant les tables, ren-
verfant les chaifes , & jettant deçà & de-
là tout ce qu'elles rencontroient fous leurs
mains, car Ines étoit de fort mauvaife humeur :

meur : comme je la vis venir devers mon
coin, la crainte d'être trouvé par une telle
furie, m'obligea de me reculer tout le
plus loin que je pûs ; mais par malheur en
reculant je fis tomber plusieurs bouteilles
qui étoient là sur des planches, & qui firent
beaucoup de bruit : Iñes qui crut que
son Chat venoit de faire ce desordre, cria
de toute sa force *gato gato* ; & levant aussi-
tôt la Tapisserie pour punir le Chat, elle
m'apperçut avec un étonnement & une ra-
ge qui faillit à la faire mourir sur le champ :
Elle se jetta à mes cheveux, & elle me les
arracha : elle me dit mille injures ; elle
étoit comme forcenée ; les veines de son
col étoient tellement enflées, & les rides
étoient si affreuses, qu'il me sembloit voir
la tête de Méduse ; & dans ma juste
frayeur je meditois ma retraite, lors qu'un
grand bruit que j'entendis dans l'escalier
me causa une nouvelle alarme : Iñes me
laissa, & courût pour sçavoir ce qui se passoit ; en même tems toute la maison fût
remplie de cris & de pleurs : La justice qui
avoit trouvé ce jeune homme dont je vous
ai parlé, Madame, étendu sur le carreau,
& qui avoit été cause que l'on m'avoit
poursuivi avec tant de chaleur, sçût aprés
quelque perquisition, que c'étoit le Fils
d'une Dame qui demeuroit dans ce même
lieu ; on le lui rapportoit percé de coups,
& tout sanglant, elle se desesperoit à cette
triste vuë ; & comme j'avois dit quelque

chose

chose de mon avanture à Iñes, pour lui
rendre raison de ce qui m'avoit fait venir
dans sa chambre, cette Mégere ne voulut
pas me garder le secret; & pour se vanger
& me punir de ce que j'avois découvert ses
artifices, elle s'avisa de me dénoncer. J'ai
le Meurtrier en mon pouvoir, s'écria t'elle, venez venez avec moi, je vais le re-
mettre entre vos mains. Aussi tôt elle ou-
vr la porte de sa chambre; & suivie d'une
troupe d'Alguazils, ce sont ceux qui servent de Sergent en ce Païs-ici, elle me li-
vra avec tous les témoignages nécessaires
pour me faire faire diligemment mon procès : j'ai vu ce misérable, disoit-elle, qui
tenoit encore son épée nuë toute sanglan-
te du coup qu'il venoit de faire; il est entré dans ma chambre pour se sauver, & il
m'a ménacée de la mort si je le décelois.
Tout ce que je pû dire pour ma justifica-
tion ne servit de rien, l'on ne voulut pas
m'entendre; on me lia les mains avec des
cordes, & l'on me traînoit en Prison
comme un malheureux criminel, pendant que la charitable Iñes, avec la Mere
& la Sœur du blessé, me chargeoient de
maledictions & de coups ; Elles me firent
mettre dans un cachot, où je demeurai
plusieurs jours, sans avoir la liberté d'avertir mon frere & mes Amis de se qui se passoit. Ils étoient de leur côté dans une peine
inconcevable, ne doutant plus que l'on ne
m'eut assassiné dans quelque coin de ruë,

ou à quelques-uns de mes rendez-vous
nocturnes.

Enfin Belleville, qui continuoit de voir
Isabelle, lui fit part de son déplaisir, &
la pria de lui aider à découvrir tout au
moins ce que l'on auroit fait de mon corps:
elle fut si soigneuse de s'en informer, que
la Femme de chambre d'Iñes, qui avoit
reçu d'assez mauvais traitemens de sa Maîtresse, lui apprit le secret de l'Histoire,
bien que cette bonne Dame le lui eût fort
deffendu. A cette nouvelle, mon Frere alla supplier le Roi d'avoir pitié de moi, &
d'ordonner que l'on me retirat de ce cachot, qui ressembloit plûtôt à l'Enfer qu'à
une Prison : Je m'évanoüis aussi tôt que je
vis le jour; j'étois si foible & si extenuée, que
je faisois peur ; cependant je ne pûs sortir
de prison de quelque tems, à cause des for-
malitez, & je vous laisse à penser, Madame, ce que je meditois contre la perfide
Iñes : Mais j'ignorois encore si je serois en
état d'executer tous les projets de ma juste
vengeance, à cause que le Gentilhomme
que l'on avoit blessé étoit toujours fort
mal, & que l'on désesperoit de sa vie ; la
mienne en dépendoit à tel point, que je
faisois des vœux ardens pour lui; & je passois
bien des mauvais quarts d'heure dans une
si fâcheuse incertitude : mais mon Frere
qui étoit persuadé de mon innocence, n'o-
mettoit rien pour découvrir ceux qui
avoient fait cet assassinat.

Il apprit enfin, que ce jeune Cavalier bleſſé avoit un Rival, & il ſuivit la choſe avec tant de ſoin, qu'il ſçût de certitude que c'étoit de cette part que le coup avoit été fait; il fut aſſez heureux pour le faire prendre, & cet homme avoüa ſon crime; ce qui me tira d'affaire. Je ſortis donc, & j'en eû une ſi grande joye, qu'elle me rendit malade pendant pluſieurs jours, ou pour mieux dire, ce fût l'effet du méchant air que j'avois pris dans la priſon.

La méchante Iñes, qui n'étoit pas de ſon côté trop en repos, ſur ce qui pouvoit lui arriver d'un tour auſſi gaillard que celui qu'elle m'avoit fait, ayant appris que j'étois en liberté, & en état de lui faire perdre la ſienne, plia bagage, & partit une nuit ſans qu'on ſçût quel chemin elle avoit pris; de ſorte que lors qu'il fût queſtion de la trouver pour en faire tout au moins un exemple parmi les friponnes, cela me fût impoſſible. Je m'en conſolai, parce que naturellement je n'aime point à faire du mal aux femmes: Mais la crainte qu'elles ne m'en fiſſent d'avantage m'a fait partir de Madrid, afin d'éviter tout au moins celles d'Eſpagne: Je retourne en France, Madame, continua-t-il, où je porterai vos Ordres, ſi vous me faites l'honneur de m'en charger.

Bien que j'aye eu du chagrin de ce qui eſt arrivé à ce Gentilhomme, je n'ai pû m'empêcher de rire des circonſtances de

ſon

son Avanture, & j'ai crû, ma chere Cousine, que vous ne seriez point fachée que
je vous en fisse part ; je ne vous écrirai plus
que je ne sois arrivée à Madrid ; j'espere y
voir des choses plus dignes de vôtre curiosité, que celles que je vous ai mandées jusques ici.

De Saint Augustin, ce 15. Mars.

HUI.

HUITIE'ME LETTRE.

NE grondez point, s'il vous plaît, ma chere Cousine, de n'avoir pas eu de mes nouvelles aussi tôt que j'ai été arrivée à Madrid : J'ai crû qu'il valoit mieux attendre que je fusse en état de vous dire des choses plus particulieres : Je sçavois que ma Parente devoit venir au devant de moi jusqu'à Alcoüendas, qui n'est éloigné de Madrid que de six lieuës. Comme elle n'y étoit pas encore, je voulus l'attendre, & Don Frederic de Cardonne me proposa d'aller dîner dans une fort jolie Maison, dont il connoissoit particulierement le Maître : Ainsi au lieu de descendre dans cette petite Ville, nous la traversâmes & par une assez belle avenuë, je me rendis chez Don Augustin Pacheco. Ce Gentilhomme est vieux : Il a épousé depuis peu en troisiéme Noces Dona Theresa de Figueroa, qui n'a que dix-sept ans, si agréable & si spirituelle que nous demeurâmes charmez de son esprit & de sa personne : Il n'én'étoit que dix heures quand nous arrivâmes : Les Espagnolles sont naturellement paresseuses, elles aiment à se lever tard, & celle-ci étoit encore au lit. Son Mari nous reçût avec tant de franchise & de civilité, qu'il marquoit assez le plaisir que nous lui avions fait d'aller chez lui. Il se promenoit dans ses Jardins, dont la propreté ne cede en rien aux nôtres. J'y entrai d'abord; car le tems étoit tres beau, & les Arbres sont aussi avancez en ce Païs au mois de Mars, qu'ils le sont en France à la fin de Juin : C'est même la saison la plus charmante pour joüir de ce qu'ils appellent *la Prima vera*, c'est à dire le commencement du Printems; car lors que le Soleil devient plus fort & plus chaud, il brûle & seiche les feuilles, comme si le feu y passoit. Les jardins dont je parle, étoient ornez de Boulingrins, de Fontaines & de Statuës; Don Augustin ne negligea pas de nous en faire voir toutes les beautez. Il s'y attacha beaucoup, & il y fait aisément de la dépense, parce qu'il est fort riche. Il nous fit entrer dans une Galerie où il y avoit des Tablettes de bois de Cedre pleines de Livres. Il me conduisit d'abord prés de la plus grande, & nous dit qu'elle contenoit des tresors d'un prix inestimable, & qu'il y avoit ramassé toutes les Comedies des meilleurs Auteurs : Autrefois, continua-t-il, les personnes vertueuses ne se pouvoient resoudre d'aller à la Comedie;

on n'y voyoit que des actions opposées à
la modestie ; on y entendoit des discours
qui blessoient la liberté, les Acteurs faisoient honte aux gens de bien ; on y flatoit
le vice, on y condamnoit la Vertu ; les
combats ensanglantoient la Scene ; le plus
foible étoit toûjours opprimé par le plus
fort, & l'usage autorisoit le crime : Mais
depuis que Lopes de Vega a travaillé avec
succès à reformer le Theatre Espagnol, il
ne s'y passe plus rien de contraire aux bonnes mœurs ; & le Confident, le Valet,
ou le Vilageois, gardant leur simplicité
naturelle, & la rendant agreable par un
enjoüement naïf, trouvent le secret de
guerir nos Princes, & même nos Rois,
de la maladie de ne point entendre les veri-
tez ou leurs défauts peuvent avoir part.
C'est lui qui prescrivit des regles à ses élé-
ves, & qui leur enseigna de faire des Comedies en trois Jornadas, qui veut dire en
trois Actes. Nous avons vû depuis briller
les Montalvanes, Mendozas, Rojas Alar-
cones, Velez, Mira de Mescuas, Cœl-
los, Villaizanes ; mais enfin Don Pedro
Calderon excella dans le serieux, & dans
le comique, & il passa tous ceux qui l'a-
voient precedé. Je ne pûs m'empêcher
de lui dire que j'avois vû à Victoria une
Comedie, qui m'avoit semblé assez mauvaise ; & que s'il m'étoit permis de dire
mon sentiment, je ne voudrois point que
l'on mêlât dans des Tragedies Saintes, qui
de-

demandent du respect, & qui par rapport
au sujet doivent être traitées dignement,
des plaisanteries fades & inutiles. Il repli-
qua qu'il connoissoit à ce que je lui disois,
le genie de mon Païs; qu'il n'avoit guere
vû de François approuver ce que les Espagnols faisoient, & comme cette pensée le
fit passer à des reflexions chagrinantes, je
l'assurai que naturellement nous n'avions
point d'antipatie pour aucune Nation :
Que nous nous picquions même de rendre
justice à nos ennemis; & qu'à l'égard de la
Comedie, que je n'avois point trouvée à
mon gré, ce n'étoit pas une consequence
pour les autres qui pouvoient être beaucoup meilleures. La maniere dont je lui
parlai le remit un peu; de sorte qu'il me
pria de passer dans l'Appartement de sa
Femme au bout de la Galerie.

Don Fernand de Tolede, & les trois
Chevaliers demeurerent là; parce que ce
n'est pas la coûtume en Espagne d'entrer
dans la Chambre des Dames pendant
qu'elles sont au lit. Un Frere n'a ce privi-
lége que lorsque sa Sœur est malade. Dona Theresa me reçut avec un accueil aussi
obligeant, que si nous avions été amies
depuis long-tems. Mais il faut dire à la
louange des Espagnoles, qu'il n'entre
point dans leurs caresses un certain air de
familiarité qui vient du manque d'éduca-
tion; car avec beaucoup de civilité, & même d'empressement, elles sçavent fort

 bien

bien obſerver ce qu'elles doivent aux autres, & ce qu'elles ſe doivent à elles mêmes. Elle étoit couchée ſans bonnet &
ſans cornette, ſes cheveux ſeparez ſur le
milieu de la tête, noüez par derriere d'un
ruban, & mis dans un Tafetas incarnat qui
les envelopoient. Sa chemiſe étoit fort
fine, & d'une ſi grande largeur, qu'il ſem-
bloit d'un Surplis; les manches en étoient
auſſi larges que celles des hommes, bou-
tonnées au poignet avec des boutons de
Diamants; au lieu d'arrieres points de fil
au col & aux manches, il y en avoit de ſoye
bleuë & couleur de chair, travaillez en
fleurs; elle avoit des manchettes de Tafetas blanc découpé, & pluſieurs petits Oril-
lers laſſez de Ruban, & garnis de Dantelle haute & fine; un couvre-pied à fleurs
de Point d'Eſpagne d'Or & de Soye, qui
me ſembla fort beau. Son lit étoit tout de
Cuivre doré avec des pommettes d Yvoire
& d'Ebeine; le chevet garni de quatre rangs
de petits Baluſtres de Cuivre tres-bien travaillez.

Elle me demanda permiſſion de ſe lever;
mais quand il fut queſtion de ſe chauſſer,
elle fit ôter la clef de ſa chambre & tirer
les verroüils: Je m'informai de quoi il
s'agiſſoit pour ſe baricader ainſi; elle me
dit qu'elle ſçavoit qu'il y avoit des Gentilshommes Eſpagnols avec moi, & qu'elle
aimeroit mieux avoir perdu la vie qu'ils
euſſent vû ſes pieds. Je m'éclaitai de rire

&

& je la priai de me les montrer, puis que
j'étois sans consequence. Il est vrai que
c'est quelque chose de rare pour la petites-
se, & j'ai bien vû des Enfans de six ans
qui les avoient aussi grands. Dés qu'elle fut
levée, elle prit une Tasse pleine de Rouge
avec un gros Pinceau, & elle s'en mit non
seulement aux joues, au menton, sous le
nez, au dessus des sourcils, & au bout des
oreilles; mais elle s'en barbouilla aussi le
dedans des mains, les doigts, & les épaules. Elle me dit que l'on en mettoit tous
les soirs en se couchant, & le matin en se
levant; qu'elle ne se fardoit point, &
qu'elle auroit assez voulu laisser l'usage du
Rouge, sans qu'il étoit si commun, que
l'on ne pouvoit se dispenser d'en avoir; &
que quelque belle couleur que l'on eut, on
paroissoit toûjours pâle & malade auprés
des autres, quand on ne mettoit pas du
Rouge. Une de ses Femmes la parfuma
depuis la tête jusqu'aux pieds, avec d'excellente Pastille, dont elle faisoit aller la
fumée sur elle; un autre la *roussit*, c'est
le terme, & cela veut dire, qu'elle prit de
l'eau de Fleur d'Orange dans la bouche, &
qu'en serrant les dents, elle la jettoit sur
elle comme une pluye; elle me dit que
rien au monde ne gatoit tant les dents que
cette maniere d'arroser, mais que l'eau en
sentoit bien meilleur: c'est dequoi je doute, & je trouverois bien desagreable qu'u-
ne vieille, telle qu'étoit celle que je vis là,

vint me jetter au nez l'eau qu'elle auroit dans la bouche.

Don Auguftin ayant fçû par une des *Criadas* de fa Femme qu'elle étoit habillée, il voulut bien paffer par deffus la coûtume, & il amena Don Fernand de Tolede, & les Chevaliers dans fa chambre. La converfation ne fût pas long-tems generale ; chacun fe cantona ; pour moi j'entretins Dona Therefa, & elle m'apprit qu'elle étoit née à Madrid, mais qu'elle avoit été élevée à Lisbonne prés de fa grand' Mere, qui étoit Sœur de Don Auguftin Pacheco ; de forte qu'elle étoit petite Niéce de fon Mari, & ces alliances fe font fouvent en Efpagne. Elle me parla fort de la jeune Infante de Portugal, dont elle vanta fort l'efprit ; elle ajoûta que fi je voulois entrer dans fon Cabinet, je jugerois de fa beauté, parce qu'elle avoit fon Portrait. J'y paffai auffitôt, & je demeurai furprife des charmes que je remarquai à cette Princeffe. Elle avoit fes cheveux coupez & frifez comme une Perruque d'Abbé, & un Guard-Infant fi grand, qu'il y avoit deffus deux Corbeilles avec des Fleurs, & de petits Vafes de Terre cigelée, dont on mange beaucoup en Portugal & en Efpagne, bien que ce foit une Terre qui n'a que tres peu de goût. Dona Therefa me montra la Peau d'un Serpent, qu'elle me dit que fon Mari avoit tué dans les Indes ; & tout mort qu'il étoit, il ne laiffoit pas de me faire peur.

peur. Ceux de cette espece sont extrême-
ment dangereux ; mais il semble que la
Providence à voulu en garantir les hommes : car ces Serpens ont à la tête une espece de clochette qui sonne quand ils marchent ; & c'est un avertissement qui fait retirer les Voyageurs.

Cette jeune Dame qui aime fort le Portugal, m'en parla tres avantageusement.
Elle me dit que la Mer qui remonte dans le
Tage, rend cette Riviere capable de porter
les plus gros Gallions, & les plus beaux
Vaisseaux de l'Ocean ; que la Ville de Lisbonne est sur le penchant d'une coline, &
qu'elle descend imperceptiblement jusqu'au bord du Tage ; qu'ainsi les Maisons
étant élévées les unes au dessus des autres,
on les voit toutes du premier coup d'œil, &
que c'est un objet tres agreable. Les anciens Murs, dont les Mores l'avoient entourée, subsistent encore : il y en a quatre en-
ceintes, faites en divers tems : la derniere
peut avoir six lieues de tour. Le Chateau,
qui est sur une Montagne a ses beautez particulieres ; l'on y trouve des Palais, des
Eglises, des Fortifications, des Jardins, des
Places d'Armes, & des Rues ; il y a toujours
bonne Garnison avec un Gouverneur ; cette Forteresse commande à la Ville, & de
ce lieu on pourroit la foudroyer, si elle ne
demeuroit pas dans le devoir. Le Palais où
demeure le Roi, est plus considerable, si
ce n'est pas dans la force, c'est dans la re-

gularité de ſes bâtimens ; tout y eſt grand & magnifique ; les veuës qui donnent ſur la Mer ajoûtant beaucoup aux ſoins que l'on a pris de l'embellir. Elle me parla en-ſuite des Places publiques qui ſont ornées d'Arcades, avec de grandes Maiſons autour du Convent des Dominiquains, où eſt l'Inquiſition; & devant le Portail il y a une Fontaine, où l'on voit des figures de Mar-bre blanc qui jettent l'eau de tous les cô-tez. Il ajoûta que la Foire du Roucio ſe tient les Mardis de chaque ſemaine, dans une Pla-ce que l'on pouroit prendre pour un Am-phiteâtre, parce qu'elle eſt environnée de petites montagnes ſur leſquelles on a bâti pluſieurs grands Palais. Il y a un autre en-droit au bord du Tage, où l'on tient le mar-ché, & l'on y trouve tout ce que le goût ſçauroit deſirer de plus exquis, tant en Gi-bier & en Poiſſon, qu'en fruits & en legu-mes. La Doüanne eſt un peu plus haut, où ſont des Richeſſes & des Raretez infinies; on a fait quelques Fortifications pour les garder. L'Egliſe Metropolitaine n'eſt re-commandable que par ſon ancienneté; elle eſt dediée à Saint Vincent; l'on pretend qu'aprés lui avoir fait ſouffrir le martyre, on lui dédia la ſepulture, & que les Cor-beaux le garderent, juſqu'à ce que quelques perſonnes pieuſes l'enleverent, & le porte-rent à Valence en Eſpagne pour le faire re-vérer; de ſorte que l'on nourrit des Cor-beaux dans cette Egliſe, & qu'il y a un Tronc

pour

pour eux, où l'on met des Aumônes pour
leur avoir de la mangeaille.

Bien que Lisbonne soit un beau sejour,
continua-t-elle, nous demeurions à Alcantara ; ce Bourg n'est éloigné de la Ville
que d'un quart de lieuë ; il y a une Maison
Royale, moins belle par ses Batimens,
que par sa situation ; la Riviere lui sert de
canal ; on y voit des Jardins admirables
tous remplis de Grottes, de Cascades & de
jets d'eau. Belem en est proche, c'est ce
lieu destiné pour la sepulture des Rois de
Portugal dans l'Eglise des Hieronimites.
Elle est toute incrustée de Marbre blanc,
les Colonnes & les Figures en sont aussi ;
les Tombeaux se trouvent rangez dans
trois Chapelles differentes, entre lesquels
il y en a de sort bien travaillez. Belem,
Feriera, Sacavin, & quelques autres endroits autour de la Ville sont remarquables,
par le grand nombre d'Orangers & de Ci-
tronniers dont ils sont remplis ; l'air qu'on
y respire est tout parfumé ; l'on est à peine
assis au pied des Arbres, que l'on se trouve
couvert de leurs Fleurs : l'on voit couler
prés de soi mille petits Ruisseaux ; & l'on
peut dire que rien n'est plus agreable pendant la nuit, que d'entendre les Concerts
qui s'y font tres souvent. Il y a de grands
Magazins a Belem remplis d'Oranges dou-
ces & aigres, de Citrons, de Poncirs, &
de Limes. On les charge dans des Barques,
pour les transporter dans la plus grande
partie de l'Europe.   LES   E!-

Elle me parla des Chevaliers *del habito de Chrifto*, dont la quantité rendoit l'Ordre moins confiderable, & des Comtes du Royaume, qui ont les mêmes Privileges que les Grands d'Efpagne. Ils poffedent *las Comarcas*, ce font des Terres qui apartiennent à la Couronne, divifées en Comtez d'un revenu confiderable. Elle me dit que lors que le Roi devoit fortir du Palais, pour aller en quelque lieu, le Peuple en étoit averti par un Trompette qui fonnoit dés le matin dans tous les endroits, où Sa Majefté devoit paffer. Pour la Reine, c'étoit un Fifre & un Tambour ; & pour l'Infante, un Hautbois. Quand ils fortoient tous enfemble, le Trompette, le Tambour, le Fifre, & le Hautbois, marchoient de compagnie ; & par ce moyen fi quelqu'un ne pouvoit entrer au Palais pour prefenter fon Placet, il n'avoit qu'à attendre le Roi fur fon paffage. L'on trouve à 8. lieuës de Coïmbre, une Fontaine dans un lieu appellé Cedima, laquelle attire & engloutit tout ce qui touche fon Eau, l'on en fait fouvent l'experience fur de gros troncs d'Arbres, & quelquefois fur des Chevaux que l'on en fait approcher, & que l'on n'en retire qu'avec beaucoup de difficulté.

Mais ce qui caufe plus d'étonnement, ajoûta-t elle, c'eft le Lac de la Montagne de Strella, où l'on trouve quelquefois des débris de Navires, de Mas rompus, d'Ancres, & de Voiles, bien que la Mer en foit

à

à plus de douze lieuës, & qu'il soit sur le sommet d'une haute Montagne ; on ne comprend point par où toutes ces choses peuvent y entrer. J'écoutois avec un grand plaisir Dona Theresa, lors que son Mari & le reste de la Compagnie vinrent nous interrompre. Don Augustin avoit de l'esprit, & malgré la vieillesse, il l'avoit fort agreable. Si ma curiosité n'est point indiscrete, me dit-il, apprenez moi, Madame, de quoi cet Enfant vous a entretenuë : *Mi Tio*, reprit-elle (*Tio* veut dire Oncle) vous pouvez bien croire que c'est du Portugal : Oh je m'en doutois déja, s'écriat-il ; c'est toûjours là qu'elle prend son Champ de Bataille. Mon Dieu, dit-elle, nous avons chacun le nôtre ; & quand vous êtes une fois à vôtre Mexique, l'on ne sçauroit vous en arracher. Vous avez été aux Indes, repris-je, & Dona Theresa m'a montré un Serpent qu'elle m'a dit que vous y avez tué. Il est vrai, Madame, continua-t-il, & je vous entretiendrois avec plaisir de ce que j'y ai vû, sans qu'il est tems de vous faire diner : mais, ajouta-t-il, je dois aller à Madrid, & si vous me le permettez, je vous amenerai Dona Theresa. C'est là que je prendrai en effet mon Champ de Bataille ; & que je vous apprendrai des choses que vous ne serez peut être pas fâchée de sçavoir. Je l'assurai qu'il me seroit un sensible plaisir, de me donner un témoignage si obligeant de son souvenir ;

que

que je ferois ravie de voir la belle Dona
Therefa, & de l'entendre parler des Indes, lui qui parloit fi bien de toutes chofes ; il me prit par la main, & il me fit
defcendre dans un Salon pavé de marbre,
où il n'y avoit que des Tableaux au lieu de
Tapifferie, & des Carreaux rangez autour.
Le couvert étoit mis fur une Table pour les
hommes, & il y avoit à terre fur le tapis,
une nape étenduë avec trois Couverts,
pour Dona Therefa, moi, & ma Fille.

Je demeurai furprife de cette mode,
car je ne fuis pas accoûtumée à diner ainfi :
Cependant je n'en témoignai rien, & je
voulus y effayer, mais je n'ai jamais été
plus incommodée ; les jambes me faifoient
un mal horrible ; tantôt je m'appuyois fur
le coude, tantôt fur la main ; enfin je re-
nonçois à dìner, & mon Hôteffe ne s'en
appercevoit point, parce qu'elle croyoit
que les Dames mangeoient par terre en
France comme en Efpagne. Mais Don Fernand de Tolede, qui remarqua ma peine,
fe leva avec Don Frederic de Cardonne, &
ils me dirent l'un & l'autre, qu'abfolu-
ment je me mettrois à table. Je le voulois
affez, pourvû que Dona Therefa s'y mit ;
elle ne l'ofoit, à caufe qu'il y avoit des
hommes, & elle ne levoit les yeux fur
eux qu'à la dérobée. Don Auguftin lui dit
de venir fans façon, & qu'il falloit me témoigner qu'ils étoient bien aife de me voir
chez eux ; mais ce fut quelque chofe de
plai-

plaisant, quand cette petite Dame fut assise sur un siége ; elle n'y étoit pas moins em-
barrassée que je l'avois été sur le tapis, elle
nous avoua avec une ingenuité tres-agreable, qu'elle ne s'étoit jamais mise dans une
chaise, & que la pensée ne lui en étoit pas
même venuë. Le diné se passa fort gaye-
ment, & je trouvai qu'il ne se pouvoit rien
ajoûter à la maniere obligeante dont j'a-
vois été reçuë dans cette Maison. Je donnai à Dona Theresa des Rubans, des Epin-
gles, & un Evantail : Elle étoit ravie, &
elle me fit plus de remercimens qu'elle
n'auroit dû m'en faire pour un gros present. Ses remercimens n'etoient point communs, & l'on n'y remarquoit rien de bas,
ni d'interessé. En verité l'on a bien de l'esprit en ce Pais, il paroit jusques dans les
moindres bagatelles.

Il n'y avoit pas une heure que j'étois partie de cette Maison, lorsque je vis venir
deux Carosses attelez chacun de six Mules,
qui alloient au grand galop, & plus vite que
les meilleurs Chevaux ne pourroient faire. J'aurois eu peine à croire que des Mules
eussent couru de cette force : mais ce qui me
surprit davantage, c'étoit la maniere dont
elles étoient attelées. Ces deux Carosses &
leur attirail tenoient presque un quart de
lieue de Pais. Il y en avoit un avec six Glaces assez grandes, & fait comme les nôtres, excepté que l'Imperiale est fort basse
& par consequent incommode. Il y a dedans

une Corniche de bois doré, si grosse, qu'il semble que ce soit celle d'une Chambre. Il étoit doré par le dehors, ce qui n'est permis qu'aux Ambassadeurs & aux Etrangers. Les Rideaux sont de Damas, & de Drap cousu ensemble. Le Cocher est monté sur une des Mules de devant. Ils ne se mettent point sur le Siege, quoi qu'il y en ait un ; & comme j'en demandai la raison à Don Frederic de Cardone, il me répondit qu'on l'avoit assuré, que cette coûtume étoit venuë depuis que le Cocher du Comte Duc d'Olivarés menant son Maître, entendit un secret important qu'il disoit à un de ses Amis ; que ce Cocher le revela ; & que la chose ayant fait grand bruit à la Cour, parce que le Comte accusoit son Ami d'indiscretion, bien qu'il fut innocent, l'on a toûjours pris la précaution de les faire monter sur la premiere Mule. Leurs Traits sont de Soye ou de Cordes, si extraordinairement longs, que d'une Mule à l'autre, il y a plus de trois aûnes. Je ne comprens pas comme tout ne se rompt point en courant comme ils font. Il est vrai que s'ils vont bien vîte par la Campagne, ils vont bien doucement par la Ville : c'est la chose du monde la plus ennuyante, que d'aller ainsi à pas comptez. Quoi que l'on n'ait que quatre Mules dans Madrid, l'on se sert toûjours d'un Postillon. Ma Parente étoit dans ce premier Carosse avec trois Dames Espagnoles ; les Ecuyers & les Pa-

ges

ges étoient dans l'autre, qui n'étoit pas fait
de même. Il y avoit des Portieres comme à
nos anciens Carosses; elles se défont, &
le cuir en est ouvert par en bas; de telle
sorte que quand les Dames veulent descendre (elles qui ne veulent pas montrer leurs
pieds) on baisse cette Portiere jusqu'à terre pour cacher le soulier. Il y avoit des glaces deux fois grandes comme la main, attachées aux Mantelets, avec une autre devant & une autre derriere, pour appeller
par là des Laquais. Rien ne ressemble
mieux à nos petites lucarnes de Grenier.
L'Imperiale du Carosse est couverte d'une
houppe de Bouracan gris, avec de grands
Rideaux de même qui pendent en dehors
sur le cuir, tirez tout autour, fort longs,
& rattachez par de gros Boutons à houpe;
cela fait un tres-vilain effet, & l'on est en-
fermé là dedans comme dans un coffre.

Ma Parente étoit habillée, moitié à la
Françoise, & moitié à l'Espagnolle; elle
parut ravie de me voir, & ma joye ne ce-
doit en rien à la sienne. Je ne la trouvai
point changée quant à sa personne; mais
je ne pûs m'empêcher de rire de sa maniere
de parler, elle ne sçait plus guére le François, quoi qu'elle le parle toujours &
qu'elle l'aime tant, qu'il lui a été impossi-
ble d'apprendre parfaitement aucune autre
Langue: De sorte qu'elle mêle l'Italien,
l'Anglois, & l'Espagnol avec la sienne naturelle, & cela fait un langage qui surprend
ceux

ceux qui fçavent comme moi, qu'elle a pof-
fedé la Langue Françoife dans toute fa pureté, & qu'elle pouvoit en faire des Leçons
aux plus habiles.   Elle ne veut pas qu'on
lui dife qu'elle l'a oubliée, & en effet elle
ne le peut croire, parce qu'elle n'a pas dif-
continué de la parler chez elle avec quelques-unes de fes Femmes, ou avec les Am-
baffadeurs & les Etrangers qui la fçavent
prefque tous.   Cependant elle parle fort
mal ; car fi l'on n'eft pas à la fource, l'on
ne fçauroit guére bien parler une Langue
qui change tous les jours, & dans laquelle
il fe fait fans ceffe de nouveaux progrès.

Je trouvai les Dames qui étoient avec elle extremement jolies.   Je vous affure
qu'il y en a ici de fort belles & de fort aimables.   Nous nous embraffâmes beaucoup, & nous revinmes à Madrid.   Avant
que d'y arriver nous paffâmes par une
Plaine fablonneufe d'environ quatre lieuës,
fi peu unie, que l'on fe trouve à tous momens dans de grands creux qui font cahoter
le Caroffe, & qui l'empêchent de pouvoir
aller vîte.   Ce chemin inégal continuë jufqu'à un petit Village nommé Mandes, qui
n'eft éloigné de Madrid que d'une demie
lieuë ; tout le Païs eft fec & fort découvert. Vous voyez à peine un Arbre de quelque côté que la vûë puiffe s'étendre.   La
Ville eft fituée au milieu de l'Efpagne dans
la nouvelle Caftille : Il y a plus d'un Siecle
que les Rois d'Efpagne la choifirent pour

y

y tenir leur Cour, à cause de la pureté de
l'Air, & de la bonté des Eaux, qui en effet
sont si bonnes & si legeres, que le Cardinal
Infant étant en Flandres n'en vouloit point
boire d'autres, & il en falloit apporter par
Mer dans des Cruches de grez bien bou-
chées. Les Espagnols prétendent que le
Fondateur de Madrid étoit un Prince nommé Ogno Bianor, Fils de Tiberino Roi
des Latins, & de Manto, qui étoit une
Reine plus celebre par la Science de l'Astro-
logie qu'elle possedoit merveilleusement,
que par son rang. L'on remarque que Madrid doit être au cœur de l'Espagne, parce
que la petite Ville de Pinto, qui n'en est
éloignée que de trois lieues, s'appelloit en
Latin *Punctum*, & qu'elle est au centre de
l'Espagne.

La premiere chose que je remarquai,
c'est que la Ville n'est pas entourée de murailles, ni de fossez; les Portes, pour ainsi
dire, se ferment au loquet : J'en ai déja vû
plusieurs toutes rompuës; il n'y a aucun
endroit qui paroisse de défense, ni Château, ni rien enfin que l'on ne puisse forcer à coups d'Oranges & de Citrons : Mais
aussi il seroit assez inutile de fortifier cette
Ville ; les Montagnes qui l'environnent
lui servent de défense, & j'ai passé dans
des endroits dans les Montagnes, que l'on
peut fermer avec un quartier de Roche, &
empêcher avec cent hommes le passage à
toute une Armée. Les Ruës sont longues &
droi-

droites, d'une fort belle largeur, mais il ne se peut rien de plus mal pavé; quelque doucement que l'on aille, l'on est roüé des cahots, & il y a des Ruisseaux & des Boües plus qu'en Ville du Monde; les Chevaux en ont toûjours jusqu'aux sangles, les Carosses vont au milieu; de sorte qu'il en rejallit par tout sur vous, & l'on en est perdu, à moins que de hausser les Glasses, ou de tirer ces grands Rideaux dont je vous ai parlé; l'eau entre bien souvent dans les Carosses par le bas des Portieres, qui ne sont point fermées.

Il n'y a aucunes Portes Cocheres, du moins sont-elles bien rares, & les Maisons où il y en a, ne laissent pas d'être sans court. Les Portes sont assez grandes; & pour ce qui est des Maisons elles sont fort belles, spacieuses & commodes, quoi qu'elles ne soient bâties que de terre & de brique. Je les trouve pour le moins aussi cheres qu'à Paris. Le premier étage que l'on éleve appartient au Roi, & il peut le loüer ou le vendre, à moins que le Proprietaire de la Maison ne l'achete; ce qu'il fait presque toûjours, & c'est un revenu tres-considerable pour le Roi.

L'on a ordinairement dans toutes les Maisons dix ou douze grandes pieces de plein pied. Il y en a dans quelques-uns jusqu'à vingt, & même davantage; l'on a son Appartement d'Eté & d'Hiver, & souvent celui de l'Automne & du Printems:

tems : de sorte qu'ayant une prodigieuse quantité de Domestiques, il faut nécessairement qu'on les loge dans des Maisons avoisines qu'on louë exprés pour eux.

Il ne faut pas que vous soyez surprise, ma chere Cousine, qu'ils ayent un si grand nombre de Domestiques, deux raisons y contribuent. La premiere est, que pour la nourriture & les gages, les Espagnols ne leur donnent que deux Reaux par jour, qui ne valent pas plus de sept sols & demi les deux. Je dis que ce sont les Espagnols ; car les Etrangers les payent sur le pied de quatre Reaux, qui font quinze sols de nôtre Monnoye ; & les Espagnols ne donnent à leurs Gentilshommes que quinze Ecus par mois, sur quoi il faut qu'ils s'entretiennent & s'habillent de Velours en Hiver, & de Taffetas en Eté : aussi ne vivent-ils que d'Oignons, de Pois, & d'autres viles denrées ; ce qui rend les Pages plus larrons que des Chouettes. Mais je ne dois pas parler plûtôt des Pages, que des autres Domestiques ; car là-dessus ils ont tous la même inclination, quelques gages qu'on leur donne. La chose va si loin, qu'en apportant les Plats sur la Table, ils mangent plus de la moitié de ce qui est dedans ; ils avalent les morceaux si brûlans, qu'ils en ont les dents toutes gâtées. Je conseillai à ma Parente de faire faire une Marmite d'argent fermée à Cadenat, comme celle que j'avois vûe à l'Arche-

chevêque de Burgos, & elle n'y manqua
pas; de maniere qu'aprés que le Cuisinier
l'a remplie, il regarde par une petite grille
si la soupe se fait bien; les Pages à present
n'en ont plus que la sumée. Avant cet ex-
pedient, il arrivoit cent fois, que lorsque
l'on vouloit tremper le Potage, l'on ne
trouvoit ni Viande, ni Boüillon; car il
faut que vous sçachiez, que si les Espagnols
sont sobres quand ils font leur dépense, ils
ne le sont point quand ils vivent chez au-
trui. J'ai vû des personnes de la premiere
Qualité manger avec nous comme des
Loups, tant ils étoient affamez. Ils y faisoient reflexion eux·mêmes, & nous
prioient de n'en être point surprises, &
que cela venoit de ce qu'ils trouvoient les
Ragouts à la mode de France, excellens.

Il y a des Cuisines publiques presque à
tous les coins des Ruës; ce sont de grands
Chaudrons qui boüillent sur des Trépiers.
L'on y va acheter toutes sortes de méchantes choses, des Féves, de l'Ail, de la Ci-
boule, & un peu de Boüillon, dans lequel
ils trempent leur Pain. Les Gentilshommes d'une Maison, & les Demoiselles, y
vont comme les autres; car on ne fait
point d'Ordinaire que pour le Maître, la
Maîtresse, & les Enfans. Ils sont d'une
retenuë surprenante sur le Vin; les Femmes n'en boivent jamais,& les Hommes en
usent si peu, que la moitié d'un demi sep-
tier leur suffit pour un jour. L'on ne sçauroit

...roit leur faire un plus senfible outrage,
...que de les accufer d'être yvres. En voilà
...beaucoup pour une des raisons qui engage
...d'avoir tant de Domeftiques. Voici l'au-
...tre.

Lorfqu'un grand Seigneur meurt, s'il a
cent Domeftiques, fon Fils les garde fans
diminuer le nombre de ceux qu'il avoit déja dans fa Maifon : Si la Mere vient à mourir, fes Femmes tout de même entrent au
fervice de fa Fille, ou de fa Brû, & cela
s'étend jufqu'à la quatriéme generation ;
car on ne les renvoye jamais. On les met
dans ces Maifons voifines, dont je vous ai
parlé, & on leur paye *Ration*. Ils viennent
de tems en tems fe montrer, plûtôt pour
faire voir qu'ils ne font pas morts, que pour
rendre aucun fervice. J'ai été chez la Ducheffe d'Offone (c'eft une tres-grande Dame) je demeurai furprife de la quantité de
Filles & de Dueñas, dont toutes les Salles
& les Chambres étoient pleines. Je lui demandai combien elle en avoit. Je n'en ai
plus que trois cens, me dit-elle ; mais il y
a peu que j'en avois encore cinq cens. Si les
Particuliers ont la coûtume de garder ainfi
tant de monde, le Roi qui en ufe de même,
en a infiniment davantage, & cela lui coûte extrémement , & même incommode
fort fes affaires. L'on m'a dit que dans Madrid feulement, il donnoit *Ration* à plus
de dix mille perfonnes, en comptant les
penfions qu'il paye.

Il y a chez le Roi des Dépenſes, où l'on va querir chaque jour une certaine proviſion, qui eſt reglée ſelon la qualité des perſonnes. L'on diſtribuë là de la Viande, de la Volaille, du Gibier, du Poiſſon, du Chocolat, des Fruits, de la Glace, du Charbon, de la Bougie, de l'Huile, du Pain; en un mot, de tout ce qui eſt neceſſaire pour la vie.

Les Ambaſſadeurs ont des Dépenſes, & quelques Grands d'Eſpagne auſſi. Ils ont de certaines perſonnes qui vendent chez eux tout ce que je viens de vous nommer, ſans payer aucun droit. Cela leur rapporte un revenu conſiderable; car les Droits d'entrée ſont exceſſifs.

Il n'y a que les Ambaſſadeurs & les Etrangers qui puiſſent avoir un grand nombre de Pages & de Laquais à leur ſuite; car par la Pragmatique (c'eſt ainſi qu'ils appellent les Edits de réformation) il eſt défendu de mener plus de deux Laquais, & ainſi ils nourriſſent quatre & cinq cens perſonnes chez eux pour n'être accompagnez que de trois. Ce troiſiéme eſt un Palfrenier, qui va à pied, & qui ſe tient auprés des Chevaux, pour empêcher qu'ils ne s'embarraſſent les pieds dans leurs longs traits, & il ne porte point d'Epée comme les Laquais; mais il faut avoüer que ces trois hommes-là ſont aſſez vieux pour ſe rendre au moins recommandables pour leur âge. J'ai vû des Laquais de cinquante

ans, & je n'en ai point vû qui en eussent
moins de trente. Ils sont désagréables, la
couleur jaune, l'air mal propre : ils se coupent les cheveux sur le haut de la tête, &
n'en gardent qu'un petit tour un peu long,
bien gras, & rarement peignez. Les cheveux qu'ils coupent leur font une espece de
Hure de Sanglier sur le haut de la tête. Ils
portent des grandes Epées avec des Bau-
driers, & un Manteau par dessus. Ils sont
tous vêtus de Bleu, ou de Vert, & souvent
leurs Manteaux de Drap vert sont doublez
de Velours bleu cizelé; leurs Manches sont
de Velours, de Satin, ou de Damas. Il
semble que cela devroit faire de beaux Habits, & cependant rien n'est plus mal entendu, & leur mauvaise mine deshonore la
Livrée qu'ils portent. Ils mettent des Ra-
bats sans colet de Pourpoint ; ce qui est ridicule. Ils ne portent sur leurs Habits, ni
Galons ni Boutonnieres houpées ; ils n'ont
aucunes chamarures.

Les Gentilshommes & les Pages vont
toûjours dans un Carosse de suite ; ceux ci
sont habillez de noir en toutes saisons : ils
ont en Hiver du Velours avec des Manteaux de drap assez long, mais qui trainent à terre lors qu'ils sont de deuil. Ils ne
portent point d'epée tant qu'ils sont Pages,
la plûpart ont un petit Poignard caché sous
les Vestes. Ils sont vêtus de Damas, ou de
Tafetas pour l'Eté, avec des Manteaux
d'une étoffe de laine noire fort legere.

II

Il n'y a que les grands Seigneurs, & les
Titulados qui puissent aller dans la Ville
avec quatre Mulles attellées de ces longs
traits de soye, ou de corde. Si une personne qui ne seroit point distinguée, vouloit aller de même, quelque riche qu'elle
fût, on lui feroit l'insulte en pleine ruë de
lui couper ces traits, & de lui faire payer
une grosse amende. Il ne suffit pas ici d'être
riche, il faut aussi être de qualité. Le Roi
seul peut avoir six Mulles à son Carosse, &
six à ses Carosses de suite. Ils ne sont pas
semblables aux autres, & on les distingue,
parce qu'ils sont couverts d'une toile cirée
verte, & ronds par dessus comme nos
grands Coches de voiture, excepté qu'ils ne
sont pas d'osier; mais la sculpture en est fort
grossiere & mal-faite; ils ont des portieres
qui s'abaissent, & tout cela est extrémement
laid; je ne sçai comment un si grand Roi
s'en peut servir. On m'a dit que cette maniere de faire des Carosses étoit en usage en
Espagne avant Charlequint; que les siens
étoient pareils, & qu'à l'imitation d'un si
grand Empereur, tous les Rois qui ont
régné depuis n'en veulent pas avoir d'autres. Il faut bien qu'il y ait quelques raisons tres-fortes; car il ne laisse pas d'avoir
des Carosses les plus beaux du Monde, les
uns faits en France, les autres en Italie
& ailleurs. Les grands Seigneurs en ont
aussi de magnifiques, mais à l'exemple du
Roi ils ne les font pas sortir quatre fois

l'an-

l'année. Tous les Caroſſes ſe mettent dans
de grandes Cours, où il y a des remiſes fermées.   L'on en voit ainſi juſqu'à deux cens
dans un ſeul endroit ; il y a pluſieurs de ces
Cours en chaque Quartier. Ce qui fait que
l'on envoye les Caroſſes hors de chez ſoi,
c'eſt qu'il n'y a pas où les mettre, & que
les Maiſons, comme je viens de vous le dire, n'ont ni Cours, ni Portes cocheres.
La mode eſt venuë depuis quelque temps
de ſe ſervir de Chevaux, au lieu de Mules.
On peut dire qu'ils ſont d'une beauté admirable ; rien ne leur manque, & il ſemble que les meilleurs Peintres n'en ſçau-
roient peindre de plus parfaits. C'eſt un
meurtre de les atteler à ces grands Caroſſes,
qui ſont lourds comme des Maiſons ; & le
pavé eſt ſi méchant, qu'ils s'uſent les pieds
en moins de deux ans. Ils coûtent tres cher,
& ne ſont pas aſſez forts pour le Caroſſe,
mais j'en ai vu à de petites Caléches tres-
jolies, toutes peintes & dorées, & à des
Souflets, comme on les fait en Hollande.
Rien n'eſt plus agreable à voir, l'on diroit
des Cerfs, tant ils vont vite & portent bien
leur tête. Dés que l'on eſt ſorti de la Ville,
on peut mettre ſix Chevaux à ſon Caroſſe.
Leurs Harnois ſont fort propres, & l'on
attache leurs crins qui trainent à terre,
avec des Rubans de differentes couleurs ; &
quelquefois ils leur font tomber de deſſus
le col pluſieurs bouillions de gaſe d'argent ;
ce qui fait un tres bon effet. Pour les Har-

nois des Mules, ce font des bandes de cuir toutes plates, fort larges, & dont elles font presque couvertes.

Il y a deux jours que j'allai avec ma Parente me promener hors la porte sainte Bernardine (c'eft où l'on va l'Hiver) Don Antoine de Tolede, Fils du Duc d'Alve y étoit avec le Duc d'Uzeda, & le Comte d'Altamire. Il avoit un Attelage Isabelle, qui me parût si beau, que je ne pûs m'empêcher de lui en parler, lors que son Caroffe approcha du nôtre. Il me dit, felon la coûtume, qu'il les mettoit à mes pieds : & le soir quand nous fûmes revenuës, l'on me vint dire qu'un Gentilhomme me demandoit de fa part. Il me fit un compliment, & me dit que les six Chevaux de fon Maître étoient dans mon Ecurie. Ma Parente fe prit à rire, & lui répondit pour moi, que j'étois si nouvelle débarquée à Madrid, que je ne fçavois pas encore qu'il ne falloit rien loüer de ce qui étoit à un Cavalier auffi galand que Don Antoine ; mais que ce n'étoit pas la mode de recevoir des prefens de cette conféquence, & qu'elle le prioit de les remener. C'eft ce qu'il ne voulut point faire, on les renvoya fur le champ; il les renvoya ; on les lui renvoya encore : enfin, je vis l'heure que l'on pafferoit la nuit en allées & en venuës. Aprés tout cela, il fallut lui écrire, & même fe fâcher, pour lui faire trouver bon qu'on ne les acceptât point.

L'on

L'on m'a dit que lors que le Roi s'est servi d'un Cheval, personne, par respect, ne le monte jamais. Il arriva que le Duc de Medina de las-Torres avoit acheté un Cheval vingt-cinq mille écus, qui étoit le plus beau & le plus noble que l'on eut jamais vû. Il le fit peindre ; le Roi Philippe IV. vit le Tableau, & voulut voir le Cheval. Le Duc le supplia de l'agréer ; mais il le refusa, parce, dit-il, qu'il l'exerceroit peu, & que comme personne ne s'en serviroit aprés lui, ce Cheval perdroit toute sa vigueur.

L'on met de jeunes Filles de bonne Maison, & fort jolies auprés des Dames ; elles s'occupent d'ordinaire à faire de la Broderie d'Or & d'Argent, ou de Soye de differentes couleurs, au bord du col, & des Manches de leurs Chemises : mais si on leur laisse suivre leur inclination naturelle, elles travaillent fort peu, & parlent beaucoup. L'on a aussi des Nains, & des Naines qui sont tres-desagreables ; les Naines particulierement sont d'une laideur affreuse, leur tête est plus grosse que tout leur corps ; elles ont toujours leurs cheveux épars, qui tombent jusqu'à terre, l'on ne sçait d'abord ce que l'on voit, quand ces petites figures se presentent aux yeux. Elles portent des Habits magnifiques ; elles sont les confidentes de leurs maitresses, & par cette raison là, elles en obtiennent tout ce qu'elles veulent.

Dans chaque Maison, à certaines heu-

res marquées, toutes les Femmes se rendent avec la Dame du logis dans la Chapelle, pour y reciter le Rosaire tout haut; elles
ne se servent point de Livres pour prier
Dieu, ou si elles en ont, cela est fort rare. Le
Comte de Charni, qui est François, bien
fait, homme de merite, & General de la
Cavalerie en Catalogne pour le Roi d'Espagne, m'a conté qu'étant l'autre jour à la
Messe, il lisoit dans ses Heures, lors qu'u-
ne vieille Espagnolle les lui arracha; & les
jettant par terre avec beaucoup d'indigna-
tion; *laissez cela*, lui dit-elle, *& prenez
vôtre Chapellet*. C'est une chose à voir,
que l'usage continuel qu'elles font de ce
Chapelet, toutes les Dames en ont un attaché à leur ceinture, si long qu'il ne s'en
faut guere qu'il ne traîne à terre. Elles le
disent sans fin dans les ruës, en joüant à
l'Ombre, en parlant, & même en faisant
l'Amour, des mensonges, ou des médi-
sances : car elles marmottent toûjours sur
ce Chapelet; & quand elles sont en grande
compagnie, cela n'empêche point qu'il
n'aille son train. Je vous laisse à penser
comment il est dévotement dit; mais l'habitude a beaucoup de force en ce Païs.

Les Femmes portoient il y a quelques
années des Guard-Infands d'une grandeur
prodigieuse; cela les incommodoit, & incommodoit les autres. Il n'y avoit point de
portes assez grandes par où elles pussent
passer; elles les ont quittez, & elles ne les
por-

portent plus que lors qu'elles vont chez la
Reine, ou chez le Roi ; Mais ordinairement dans la Ville, elles mettent des Sa-
crittains, qui sont à proprement parler,
les enfans des Vertugadins. Ils sont faits de
gros fil d'archal, qui forme un rond autour de la ceinture ; il y a des rubans qui y
tiennent, & qui attachent un autre rond de
même, qui tombe plus bas, & qui est plus
large ; l'on a ainsi cinq ou six Cerceaux qui
descendent jusqu'à terre, & qui soûtiennent les Juppes. L'on en porte une quantité surprenante; & l'on auroit peine à croire
que des creatures aussi petites que sont les
Espagnoles, pussent être si chargées.   La
Juppe de dessus est toûjours de gros Tafetas
noir, ou de Poil de Chevre gris tout uni,
avec un grand troussi un peu plus haut que
le genouil autour de la Juppe : & quand
on leur demande à quoi cela sert, elles disent que c'est pour la ralonger à mesure
qu'elle s'use. La Reine Mere en a comme
les autres à toutes ses Juppes ; & les Carmelites même en portent aussi bien en
France qu'en Espagne. Mais à l'égard des
Dames, c'est plutôt une mode qu'elles
suivent, qu'une épargne qu'elles veulent
faire ; car elles ne sont ni avares, ni mé-
nageres, & telles en font faire deux ou
trois fois la semaine de neuves. Ces Juppes
sont si longues par devant, & par les cotez,
qu'elles trainent beaucoup, & elles ne trainent jamais par derriere.   Elles les portent

à fleur de terre; mais elles veulent marcher
deſſus, afin qu'on ne puiſſe voir leurs pieds,
qui eſt la parſie de leur corps qu'elles ca-
chent le plus ſoigneuſement. J'ai entendu
diré, qu'aprés qu'une Dame a eu toutes
les complaiſances poſſibles pour un Cavalier, c'eſt en lui montrant ſon pied, qu'elle lui confirme ſa tendreſſe : & c'eſt ce
qu'on appelle ici la derniere faveur. Il faut
convenir auſſi, que rien n'eſt plus joli en
ſon eſpece ; & je vous l'ai déja dit ; elles
ont les pieds ſi petits, que leurs Souliers
ſont comme ceux de nos Poupées : Elles
les portent de Maroquin noir, découpé ſur
du Tafetas de couleur, ſans talon, & auſſi
juſtes qu'un Gand. Quand elles marchent,
il ſemble qu'elles volent ; en cent ans nous
n'aprendrions pas cette maniere d'aller; elles ſerrent leurs coudes contre leurs corps,
& vont ſans lever les pieds, comme lors que
l'on gliſſe. Mais pour en revenir à leur habillement, deſſous cette Juppe unie, elles
en ont une douzaine plus belles les unes
que les autres, d'étoffes fort riches, & cha-
marées de Galons & de Dentelles d'Or &
d'Argent juſqu'à la ceinture. Quand je
vous dis une douzaine, ne croyez pas au
moins que j'exagere ; pendant les exceſſi-
ves chaleurs de l'Eté, elles n'en mettent
que ſept ou huit, dont il y en a de Velours,
& de gros Satin. Elles ont en tout tems une
Juppe blanche deſſous toutes les autres,
qu'elles nomment Sabenagua ; elle eſt de

ces

ces belles Dentelles d'Angleterre, ou de Mousseline, brodée d'Or passé, & si amples, qu'elles ont quatre aunes de tour; J'en ai vû de cinq & six cens Ecus. Elles ne portent point le Sacristain chez elles, ni les Chapins : Ce sont des especes de petites Sandales de Brocard ou de Velours, garni de plaques d'Or, qui les haussent d'un demi pied ; & quand elles les ont, elles marchent fort mal, & sont toujours prêtes à tomber. Il n'y a guere de Baleine dans leurs corps ; les plus larges sont d'un tiers. On ne voit point ailleurs de Femmes si menuës. Le corps est assez haut par devant ; mais par derriere, on leur voit jusqu'à la moitié du dos, tant il est découvert ; & ce n'est pas une chose trop charmante ; car elles sont toutes d'une maigreur effroyable; & elles seroient bien fâchées d'être grasses, c'est un défaut essentiel parmi elles. Avec cela elles sont fort brunes, de sorte que cette petite peau noire colée sur des os, déplait naturellement à ceux qui n'y sont pas accoutumez. Elles mettent du rouge à leurs épaules, comme à leurs joües, qui en sont toutes couvertes Le blanc n'y manque pas ; & quoi qu'il soit fort beau, il y en a peu qui le sachent bien mettre, on le découvre du premier coup d'œil. J'en ai vû quelques-unes, dont le teint est très vif & très naturel. Elles ont presque toutes les traits délicats & réguliers ; leur air & toutes leurs manieres ont une petite affectation de co-

I 4

que-

queterie, que leur humeur ne dément pas. C'est une beauté parmi elles de n'avoir point de gorge, & elles prennent des précautions de bonne heure pour l'empêcher de venir. Lors que le Sein commence à paroître elles mettent dessus de petites plaques de plomb, & se bandent comme les Enfans que l'on emmaillote. Il est vrai qu'il s'en faut peu qu'elles n'ayent la gorge aussi unie qu'une feüille de papier, à la réserve des trous que la maigreur y cause, & ils sont toûjours en grand nombre. Leurs mains n'ont point de défaut, elles sont petites, blanches, & bien faites. Leurs grandes Manches qu'elles attachent juste au poignet, contribuent encore à les faire paroître plus petites. Ces Manches sont de Tafetas de toutes couleurs, comme celles des Egypriennes, avec des Manchettes d'une Dantelle fort haute. Le corps est d'ordinaire d'étoffe d'Or & d'Argent, mêlée de couleurs vives; les Manches en sont étroites, & celles de Tafetas paroissent au lieu de la Chemise. Les personnes de qualité ont cependant de fort beau linge; mais toutes les autres n'en ont presque point; il est cher & rare; avec cela les Espagnols ont la sotte gloire de le vouloir fin; & tel qui pourroit avoir six Chemises un peu grosses, aime mieux n'en acheter qu'une fort belle, & rester au lit pendant qu'on la blanchit, ou s'habiller quelquefois à crû, ce qui arrive assez souvent. Ce linge fin est
bien

bien maltraité : quand on le blanchit, les Femmes le mettent fur des pierres poin-tuës & le battent à grands coups de bâton, de forte que les pierres le coupent en cent morceaux. Il n'y a point de choix à faire entre la plus habile Blanchiffeufe, & celle qui l'eft le moins : toutes ces creatures font également mal-adroites.

Je reviens à l'habillement des Dames, que j'ai quitté plufieurs fois, pour faire des digreffions fur diverfes chofes dont je me fuis fouvenuë. Je vous dirai qu'elles ont autour de la gorge une Dentelle de Fil rebrodée de Soye rouge ou verte, d'Or ou d'Argent. Elles portent des Ceintures en-tieres de Medailles & de Reliquaires. Il y a bien des Eglifes où il n'y en a pas tant; el-les ont auffi le Cordon de quelque Ordre, foit de Saint François, des Carmelites, ou d'autres. C'eft un petit Cordon de Laine noire, blanche, ou brune, qui eft par deffus leurs Corps, & tombe devant juf-qu'au bord de la Juppe. Il y a plufieurs nœuds, & d'ordinaire ces nœuds font marquez par des Boutons de Pierreries. Ce font des Vœux qu'elles font aux Saints de porter leur Cordon; mais bien fouvent Dieu fçait quel eft le fujet de ces Vœux !

Elles ont beaucoup de Pierreries des plus belles que l'on puiffe voir. Ce n'eft pas pour une Garniture, comme en ont la plû-part de nos Dames de France, celles ci vont jufqu'à huit ou dix ; les unes de Diamans; les autres de Rubis, d'Emeraudes, de Perles, de Turquoises, enfin de toutes les manieres. On les met tres-mal en œuvre : l'on couvre presque tous les Diamans, l'on n'en voit qu'une petite partie. Je leur en ai demandé la raison, & elles m'ont dit, qu'il leur sembloit que l'Or étoit aussi beau que les Pierreries. Mais pour moi, je pense que c'est que leurs Lapidaires ne les sçavent pas mieux mettre en œuvre. J'en excepte Verbec, qui le feroit fort bien, s'il vouloit s'en donner la peine.

Les Dames portent de grandes Enseignes de Pierreries au haut de leurs corps, d'où il tombe une chaîne de Perle, ou dix ou douze nœuds de Diamans, qui se rattachent sur un des côtez du corps. Elles ne mettent jamais de Colier ; mais elles portent des Bracelets, des Bagues, & des Pendants d'Oreilles, qui sont bien plus longs que la main, & si pesans, que je ne comprens point comment elles peuvent les porter, sans s'arracher le bout de l'Oreille. Elles y attachent tout ce qui leur semble de joli. J'en ai vû qui y mettoient des Montres assez grandes ; d'autres des Cadenats de Pierres précieuses, & jusqu'à des Clefs d'Angleterre fort bien travaillées, ou des Sonnettes. Elles mettent des Agnus & des petites Images sur leurs manches, sur leurs épaules, & par tout. Elles ont la tête toute chargée de Poinçons ; les uns faits en petites Mouches de Diamans, & les autres

en Papillons , dont les Pierreries marquent les couleurs. Elles se coëffent de differentes manieres , mais c'est toujours la
tête nue ; elles separent leurs cheveux sur
le côté de la tête, & les couchent de travers
sur le front; ils sont si luisans, que sans
exageration l'on s'y pourroit mirer. D'autrefois elles mettent une tresse de faux cheveux , la plus mal faite que l'on sçauroit
voir ; ils tombent épars sur leurs épaules ,
& c'est de peur de méler les leurs qui sont
admirablement beaux. Elles se font d'ordinaire cinq nattes, ausquelles elles attachent
des nœuds de Ruban , ou qu'elles cordon-
nent de Perles ; elles les nouent toutes ensemble à la ceinture , & l'Eté lorsqu'elles
sont chez elles, elles les envelopent dans un
morceau de Taffetas de couleur, garni de
Dentelles de fil. Elles ne portent point de
Bonnet , ni le jour , ni la nuit. J'en ai vû
qui avoient des plumes couchées sur la tête
comme les petits Enfans. Ces Plumes sont
fort fines , & mouchetées de differentes
couleurs ; ce qui les rend beaucoup plus
belles. Je ne sçai pourquoi l'on n'en fait
pas de même en France.

Les jeunes Filles , ou les nouvelles ma-
riées , ont des Habits tres magnifiques , &
leurs Jupes de dessus sont de couleur brodées d'or J'ai eté voir la Princesse de Mon-
teléon : C'est une petite personne , qui n'a
pas treize ans ; on vient de la marier à son
Cousin germain nommé Don Nicolo Pi-

gnatelli : fa Mere eft Fille de la Ducheffe
de Terranova, nommée pour être la Ca-
marera Major de la nouvelle Reine. Elles
demeurent toutes enfemble ; c'eft à dire les
Ducheffes de Terranova, d'Hijar, & de
Monteleon, avec la jeune Princeffe de ce
nom, & fes petites Sœurs. La Ducheffe de
Terranova peut avoir foixante ans. Ma Parente eft fort de fes Amies, & elle nous reçût avec une honnêteté qui ne lui eft pas
ordinaire : car elle eft la plus fiere perfonne
du Monde, & elle en a bien l'air. Le fon
de fa voix eft rude, elle parle peu, elle af-
fecte quelque bonté : mais fi ce que l'on dit
eft vrai, elle n'en a point du tout dans le
cœur : On ne peut avoir plus d'efprit, &
plus de pénétration qu'elle en a ; elle nous
parla fort de la Charge qu'elle alloit remplir dans la Maifon de la Reine. Je n'ou-
blierai rien, difoit-elle, pour lui être
agreable, j'entrerai dans tout ce qui pourra lui faire quelque plaifir ; je fçai qu'une
jeune Princeffe, qui eft née Françoife,
doit avoir un peu plus de liberté que n'en
auroit une Infante d'Efpagne, élevée à Madrid. Ainfi il ne tiendra pas à moi qu'elle
ne trouve aucune difference entre fon Païs
& celui-ci. Elle me donna un Chapelet de
Palo d'Aquila ; c'eft un bois rare qui vient
des Indes. En verité quand je le tiens, il
tombe jufqu'à terre. Il y a deux touffes de
petits Rubans de Tafetas vert, & à chacune environ trois cens aûnes. Elle me don-

na

na auſſi des Puoaros de Portugal ; ce ſont des Vaſes de terre ſigelée, garnis de Fili-grane, & elle me regala encore de pluſieurs petits Bijoux fort jolis.

Il ſeroit difficile de rien voir de plus ſomptueux que leur Maiſon ; elles occupent des appartemens hauts, qui ſont tendus de Tapiſſeries toutes relevées d'Or. L'on voit dans une grande Chambre plus longue que large, des Portes vitrées qui entrent dans des Cabinets ou Cellules. Il y a d'abord celle de la Ducheſſe de Terranova, tapiſſée de gris, avec un lit de même, & le reſte fort uni. A côté étoit couchée ſa Fille la Ducheſſe de Monteleon, laquelle eſt Veuve, & meublée comme ſa Mere. Enſuite on trouve la Chambre de la Princeſſe de Monteleon, qui n'eſt pas plus grande que les autres ; mais dont le lit eſt de Damas, Or & Vert, doublé de Brocard d'argent, avec du Point d'Eſpagne. Il y avoit autour des Draps un Paſſement d'Angleterre de demie aûne de hauteur. Vis à vis étoient les Chambres des petites de Monteleon & d'Hijar, toutes meublées de Damas blanc. Elles ſont nommées pour être Menines de la Reine. Enſuite étoit la petite Chambre de la Ducheſſe d'Hijar, meublée de Velours cramoiſi à fond d'Or. Elles n'étoient toutes ſeparées les uns des autres, que par des Cloiſons de bois de ſenteur, & elles me dirent que ſix de leurs Femmes couchoient dans la

Cham-

Chambre fur des lits qu’elles y mettoient le foir.

Les Dames étoient dans une grande Gallerie, couverte de Tapis de pied tres riches ; il y a tout autour des Carreaux de Velours cramoifi en broderie d’Or, ils font plus longs que larges, & de grands Cabinets de Pieces de rapport, enrichis de Pierreries, lefquels ne font pas faits en Efpagne ; des Tables d’argent entre deux ; & des Miroirs admirables tant pour leur grandeur, que pour leurs riches Bordures, dont les moins belles font d’argent. Ce que j’ai trouvé de plus beau, ce font des Efcaparates ; c’eft une efpece de petit Cabinet fermé d’une grande Glace, & rempli de tout ce qu’on fe peut figurer de plus rare, foit en Ambregris, Porcelaines, Criftal de Roche, Pierre de Bezoard Branches de Corail, Nacre de Perles, Filigrane d’Or, & mille autres chofes de prix. J’y vis la tête d’un Poiffon, fur laquelle il y avoit un petit Arbre ; il n’eft ni de bois, ni de mouffe ; il tient au crane du Poiffon, qui eft affez petit. Cela me parut fort curieux.

Nous étions plus de foixante Dames dans cette Galerie, & pas un pauvre Chapeau. Elles étoient toutes affifes par terre, les jambes en croix fous elles. C’eft une ancienne habitude qu’elles ont gardée des Mores. Il n’y avoit qu’un Fauteüil de Maroquin, piqué de Soye, & fort mal fait. Je demandai pour qui il étoit deftiné ; on

me

me dit que c'étoit pour le Prince de Monteleon, qui n'y entroit qu'aprés que toutes les Dames étoient retirées. Je ne pouvois demeurer assise à leur mode, & je me
mis sur les carreaux. Elles étoient cinq ou
six ensemble, ayant au milieu d'elles un
petit Brasier d'argent plein de noyaux d'O-
lives, pour ne pas entêter. Quand il arrivoit quelque Dame, la Naine ou le Nain le
venoit dire, mettant un Genoux en terre.
Aussi-tôt elles se levoient toutes, & la petite Princesse alloit la premiere jusqu'à la
porte recevoir celle qui venoit la voir sur
son Mariage. Elles ne se baisent point en se
saluant, je croi que c'est pour ne se pas
emporter le platre qu'elles ont sur le visage; mais elles se presentent la main dégan-
tée. & en se parlant elles se disent *Tu* &
Toi. & elles ne s'appellent ni Madame,
ni Mademoiselle, ni Altesse, ni Excellence; mais seulement *Dona Maria*, *Dona
Clara*, *Dona Theresa*. Je me suis informée
d'où vient qu'elles en usent si familiere-
ment, & j'ai appris que c'est pour n'avoir
aucun sujet de se fâcher entr'elles; & que
comme il y a beaucoup de manieres de se
parler, qui marquent, quand elles veulent,
une entiere difference de qualité & de rang,
& que toutes ces differences ne sont pas ai-
sées à faire sans se chagriner quelquefois,
pour l'éviter, elles ont pris le parti de se
parler sans ceremonie. Il faut ajouter à cela, qu'elles ne se mesallient point, &

qu'ainsi ce sont toûjours des personnes de condition. Les Femmes de la Robe ne vont pas même chez les Femmes de la Cour, & un Homme de Naissance épouse toûjours une Fille de Naissance. On ne voit point là de Roture entée sur la Noblesse comme en France ; ainsi elles ne risquent guère quand elles familiarisent ensemble. S'il vient cent Dames de suite, on se leve autant de fois, & l'on marche comme à un Procession , pour les aller recevoir jusques dans l'Antichambre. J'en fus si fatiguée ce jour-là, que j'en étois d'assez méchante humeur.

Elles étoient toutes fort parées ; & comme je vous l'ai déja dit, elles ont des Habits magnifiques, & des Pierreries d'une grande beauté. Il y avoit deux Tables d'Ombre , où l'on joüoit gros jeu sans bruit. Je ne connois rien à leurs Cartes ; elles sont aussi minces que du Papier, & peintes tout autrement que les nôtres ; il semble que l'on ne tient qu'une Lettre pliée , quand on a un jeu dans la main, il seroit bien aisé à un Filou descamotter plusieurs Cartes ; ou un jeu tout entier.

L'on parloit-là de toutes les nouvelles de la Cour & de la Ville : leur conversation est libre, & agreable, & il faut convenir qu'elles ont une vivacité dont nous ne pouvons approcher. Elles sont caressantes, elles aiment à loüer, elles loüent d'une maniere noble, pleine d'esprit, & de discerne-

nement. Je suis surprise qu'elles ayant tant
de memoire avec un si grand feu d'esprit.
Leur cœur est tendre, & même beaucoup
plus qu'il ne le faudroit. Elles lisent peu,
elles n'écrivent guére; cependant le peu
qu'elles lisent leur profite, & le peu qu'elles écrivent est juste & concis.

Leurs traits sont fort reguliers & delicats; mais leur grande maigreur cho-
que ceux qui n'y sont pas accoûtumez.
Elles sont brunes, leur teint est fort
uni; il faut que la petite Verole ne les
gâte pas tant ici qu'elle gâte ailleurs;
car je n'en ai guére vû qui en soient marquées.

Leurs cheveux sont plus noirs que de
l'Ebeine, & fort lustrez, bien qu'il y ait
quelque apparence qu'elles se peignent
long tems avec le même Peigne; en effet
je vis l'autre jour chez la Marquise d'Al-
cannizas (c'est la Sœur du Connêtable de
Castille, qui avoit épousé en premieres
nôces le Comte Duc d'Olivarés) la Toilette mise; & bien que cette Dame soit une
des plus propres & des plus riches, cette
Toilette étoit sur une petite Table d'argent, & consistoit en un morceau de Toile
des Indes, un Miroir de la grandeur de la
main, deux Peignes avec une Pelote, &
dans une Tasse de Porcelaine, du Blanc
d'œuf battu avec du Sucre Candi. Je demandai à une de ses femmes ce qu'elle en faisoit: Elle me dit que c'étoit pour se décras-
ser,

fer, & se rendre le visage luisant. J'en ai
vû qui avoient le front si lustré, que cela
surprenoit. L'on diroit qu'elles ont un Ver-
nis passé sur le visage, & la peau en est ten-
duë & tirée d'une telle maniere, que je ne
doute pas qu'elle ne leur fasse mal. La
plûpart des Femmes se font les sourcils,
elles n'en laissent qu'un filet; rien n'est
plus vilain à mon gré; mais ce qui l'est
bien d'avantage, c'est qu'elles se peignent
le milieu du front, afin que leurs sourcils
paroissent joints; c'est à leur gré une beauté incomparable.

Il y en a beaucoup cependant qui n'ont
pas cette inclination, & j'ai trouvé des
Espagnoles plus regulierement belles que
nos Françoises, malgré leur coëffure de
travers, & le peu d'accompagnement qu'elles donnent à leur visage. L'on peut dire
qu'il est comme hors d'œuvre, sans aucuns cheveux dessus, ni Cornette, ni Rubans; mais aussi en quel Païs y a-t il des
yeux semblables aux leurs? Ils sont si vifs,
si spirituels, ils parlent un langage si tendre & si intelligible, que quand elles n'auroient que cette seule beauté, elles pourroient passer pour belles, & derober les
cœurs. Leurs dents sont bien rangées, &
seroient assez blanches, si elles en prenoient
soin; mais elles les negligent; outre que
le Sucre & le Chocolat les leurs gâtent: elles ont la mauvaise habitude, & les hommes
aussi, de se les nettoyer avec un cure dent,

en

en quelque compagnie qu'ils foient : c'eſt
une de leurs contenances ordinaires. On
ne ſçait ce que c'eſt ici que de les faire ac-
commoder par les gens du Metier, il n'y en
a point, & quand il en faut arracher, les
Chirurgiens le font comme ils peuvent.

Je demeurai ſurpriſe en entrant chez la
Princeſſe de Monteleon, de voir pluſieurs
Dames fort jeunes avec une grande paire
de lunettes ſur le nez, attachée aux oreilles, & ce qui m'étonnoit encore d'avantage, c'eſt qu'elles ne faiſoient rien où des
lunettes leur fuſſent néceſſaires ; elles cau-
ſoient & ne les ôtoient point ; l'inquiétude
m'en prit, & j'en demandai la raiſon à la
Marquiſe de la Roſa, avec qui j'ai lié une
grande amitié, c'eſt une jolie perſonne, qui
ſçait vivre, & dont l'eſprit eſt bien tourné, elle eſt Napolitaine. Elle ſe prit à rire
de ma queſtion, & elle me dit que c'étoit
pour la gravité, & que l'on ne les mettoit
pas par beſoin, mais ſeulement pour s'attirer du reſpect. Voyez vous cette Dame,
me dit elle, en m'en montrant une qui
étoit aſſez proche de nous, je ne croi pas
que depuis dix ans elle les ait quittées que
pour ſe coucher. Sans exageration, elles
mangent avec, & vous rencontrerez dans
les ruës & dans les Compagnies beaucoup
de Femmes & d'Hommes qui ont toûjours
leurs lunettes : Il faut à ce propos, continua t elle, que je vous diſe qu'il y a quelque tems que les Jacobins avoient un procès

cès de la derniere confequence, ils en crai-
gnoient affez l'évenement pour n'y rien
negliger. Un jeune Pere de leur Convent
avoit des Parents de la premiere qualité,
qui folliciterent à fa priere tres fortement :
Le Prieur l'avoit affuré qu'il n'y avoit rien
qu'il ne dût fe promettre de fa reconnoif-
fance, fi par fon credit le Procès fe ga-
gnoit ; enfin le Procès fe gagna : le jeune
Pere tranfporté de joye courut lui en dire
la nouvelle, & fe preparoit à lui demander en même tems une grace qu'il avoit
fort envie d'obtenir : mais le Prieur aprés
l'avoir embraffé, lui dit d'un ton grave,
Hermano, ponga las ojalas; cela veut dire, mon Frere, mettez des lunettes. Cette permiffion combla le jeune Moine d'honneur & de joye ; il fe trouva trop bien payé
de fes foins, & il ne demanda rien d'avantage. Le Marquis d'Aftorgas, ajoûta-t-
elle, étant Vice Roi de Naples, fit tirer
fon Bufte en Marbre, & il ne manqua pas
d'y faire mettre fes belles Lunettes. Il eft fi
commun d'en porter, que j'ai entendu dire
qu'il y a des differences dans les Lunettes,
comme dans les rangs ; à proportion que
l'on éleve fa fortune, l'on fait grandir le
Verre de fa Lunette, & on la hauffe fur fon
nez. Les Grands d'Efpagne en portent de
larges comme la main, que l'on appelle
Ocales pour les diftinguer. Ils fe les font
attacher derriere les Oreilles, & les quit-
tent auffi peu que leur Galille. Ils en fai-

foient

soient autrefois venir les Verres de Venise:
mais depuis que le Marquis de la Cueva fit
cette entreprise qui fut nommée de Trium-
virat, parce qu'ils étoient trois qui vouloient mettre le feu dans l'Arcenal de Venise avec des Miroirs ardens, afin de rendre
par ce moyen le Roi d'Espagne Maitre de
cette Ville, les Venitiens à leur tour firent
faire un grand nombre d'Ocales, qu'ils en-
voyerent à leur Ambassadeur à Madrid. Il
en regala toute la Cour, & tous ceux qui
les mirent, en penserent devenir aveugles;
car c'étoit des Miroirs ardents, tres bien
travaillez, & enchassez dans une matiere
si combustible, que les moindres Rayons
du Soleil mettoient tout en feu. Il arriva
qu'un jour de Conseil, on avoit laissé une
fenêtre ouverte dans le lieu où ils étoient
assemblez; de maniere que le Soleil frap-
pant à plomb sur les Lunettes, il se fit tout
d'un coup un espece de feu d'artifice fort
dangereux pour les Sourcils & les Cheveux; tout fut brûlé, & l'on ne peut s'i-
maginer jusqu'où alla l'epouvante de ces
venerables Veillards. Je voudrois bien,
dis je à la Marquise, pouvoir croire cette
Avanture; car elle me paroit fort plaisan-
te. Comme je ne l'ai pas vue, reprit-elle
en souriant, je ne veux pas vous assurer
positivement qu'elle soit vraye : mais ce
que j'ai d'Original, c'est l'affaire des Jacobins que je vous ai racontée. J'ai remarqué depuis des personnes de Qualité dans
leurs

leurs Caroſſes, quelquefois ſeules, & quelquefois pluſieurs enſemble, le nez chargé de ces Lunettes, qui font peur à mon gré.

Nous fîmes colation chez la Princeſſe; ſes Femmes vinrent au nombre de dix-huit, tenant chacune de grands Baſſins d'Argent remplis de Confitures ſeiches, toutes enveloppées de Papier coupé exprés & doré. Il y a une Prune dans l'un, une Ceriſe ou un Abricot dans l'autre, & ainſi du reſte. Cela me parût fort propre; car au moins on peut en prendre & en emporter, ſans ſallir ſes mains ni ſa poche. Il y a de vieilles Dames, qui aprés s'être crevées d'en manger, ont cinq ou ſix Mouchoirs qu'elles apportent exprés, & elles les empliſſent de Confitures; bien qu'on le voye, on n'en fait pas ſemblant; l'on a l'honnêteté de leur en laiſſer prendre tant qu'elles veulent, & même d'en aller encore querir : Elles attachent ces Mouchoirs avec des Cordons tout autour de leur Sacriſtain : cela reſſemble au crochet d'un garde manger, où l'on pend du Gibier. L'on preſenta enſuite le Chocolat, chaque Taſſé de Porcelaine ſur une petite Soucoupe d'Agate, garnie d'Or avec du Sucre dans une Boëte de même. Il y avoit du Chocolat à la glace, d'autre chaud, & d'autre avec du Laît & des Oeufs : On le prend avec du Buiſcuit, ou du petit Pain auſſi ſec que s'il étoit rôti, & que l'on fait exprés. Il y a des Femmes qui en prennent juſqu'à ſix

Taſſes

Taſſes de ſuite ; & c'eſt ſouvent deux &
trois fois par jour. Il ne faut pas s'étonner
ſi elles ſont ſi ſeiches, puiſque rien n'eſt
plus chaud ; & outre cela, elles mangent
tout ſi poivré & ſi épicé, qu'il eſt impoſſible qu'elles n'en ſoient brûlées : Il y en
avoit pluſieurs qui mangeoient des morceaux de Terre ſigelée. Je vous ai deja dit
qu'elles ont une grande paſſion pour cette
Terre, qui leur cauſe ordinairement une
opilation ; l'Eſtomac & le Ventre leur en-
flent & deviennent durs comme une pierre,
& elles ſont jaunes comme des Coins. J'ai
voulu tater de ce ragout tant eſtimé & ſi
peu eſtimable ; j'aimerois mieux manger
du Grès.

Si l'on veut leur plaire, il faut leur donner de ces Bucaros qu'elles nomment Bar-
ros ; & ſouvent leurs Confeſſeurs ne leur
impoſent point d'autre Penitence, que d'ê-
tre un jour ſans en manger. L'on dit qu'elle
a beaucoup de proprietez ; elle ne ſouffre
point le Poiſon, & elle guerit de pluſieurs
maladies. J'en ai une grande Taſſe qui
tient une Pinte ; le Vin n'y vaut rien, l'eau
y eſt excellente ; il ſemble qu'elle bouille
quand elle eſt dedans, au moins on l'a voit
agitée & qui friſſonne (je ne ſçai ſi cela ſe
peut dire ; mais quand on l'y laiſſe un peu
de tems, la Taſſe ſe vuide toute, tant cette Terre eſt poreuſe ; elle ſent fort bon.
L'on nous donna des Eaux très-bien faites ;
l'on peut dire qu'il n'y a point de lieu où
l'on

l'on boive plus frais ; ils ne se servent que de la Neige , & tiennent qu'elle rafraîchit bien mieux que la Glace ; c'est la coûtume ici avant que de prendre du Chocolat , de boire de l'eau fort fraîche ; on tient qu'il est mal sain autrement.

Aprés que la colation fut finie , l'on apporta des Flambeaux, il entra un petit bonhomme tout blanc , qui étoit le Gouverneur des Pages, il avoit une grande Chaîne d'Or au col avec une Medaille ; c'étoit le present qu'il eût aux Nôces du Prince de Monteleon : Il mit un genoüil en Terre au milieu de la Galerie , & dit tout haut, Loüé soit le tres Saint Sacrement : à quoi tout le monde répondit ; a jamais ; on a cette coûtume quand on apporte de la lumiere. En suite vingt quatre Pages entrerent deux à deux , qui vinrent les uns aprés les autres mettre de même un genoüil en terre ; ils portoient chacun deux grands Flambeaux ou un Belon ; & quand ils les eurent posez sur les Tables & sur les Escaparates , ils se retirerent avec la même cérémonie. Alors toutes les Dames se firent les uns aux autres une grande reverence, l'accompagnant d'un souhait comme quand on éternuë. Il faut vous dire que ces Belons sont des Lampes élevées sur une Colonne d'Argent, qui a son pied fort large ; il y a huit ou douze canaux à la Lampe , & quelquefois moins, par lesquels la meche passe, de sor-

te que cela fait une clarté surprenante. Et
pour qu'elle soit encore plus grande, on y
attacha une plaque d'Argent, sur laquelle
elle réfléchit : On n'est point incommodé
de la fumée, & l'huile qu'on y brûle vaut
l'huile de Provence que l'on mange en sa-
lade. J'ai trouvé cette mode fort jolie :
Lors que tous les Flambeaux eurent été
posez dans la Galerie où ils devoient être,
la jeune Princesse de Monteleon dit à ses
Femmes d'apporter ses habits de Nôces,
pour que je les visse. Elles allerent querir
trente Corbeilles d'Argent, aussi grandes
& profondes que celles que nous appellons
des Mannes, dans lesquelles on porte le
Couvert. Elles étoient si lourdes, qu'elles
se mirent quatre à chacune : Il y avoit dedans tout ce qui se peut voir de plus beau &
de plus riche, selon la mode du Païs ; entre autres six Juste au-corps de Brocard
d'Or & d'Argent, faites en petites Vestes
pour s'habiller le matin, avec des Boutons,
les uns de Diamants, les autres d'Emeraudes, & ainsi chacun en avoit six douzaines.
Le Linge & les Dentelles n'étoient pas
moins propres que tout le reste. Elle me
montra ses Pierreries, qui sont admirables,
mais si mal mises en œuvre, que les plus
gros Diamants ne paroissent pas tant,
qu'un de trente Louis que l'on auroit mis
en œuvre à Paris.

Je ne vous écrirai pas souvent, parce que
je veux toujours avoir une provision de

nouvelles à vous mander ; c'eſt une recol-
te qu'on ne fait pas ici tout d'un coup: Pardonnez-moi la longueur de cette lettre , &
le peu d'ordre que j'y ai gardé ; je vous
dis les choſes à meſure qu'elles me viennent
dans l'eſprit , & je les dis toutes fort mal ;
mais comme vous m'aimez , ma chere
Couſine , cela me r'aſſure contre mes fau-
tes.

De Madrid , ce 29. Mars 1679.

NEUVIE'ME
LETTRE.

J'Apprehende que vous ne soyez fâchée de ce que j'ai laissé passer un Ordinaire sans vous écrire ; mais, ma chere Cousine je voulois être informée de plusieurs choses, dont je vai vous rendre compte.

Je vous parlerai d'abord des Eglises de Madrid. Je les trouve fort belles, & tres-propres. Les Femmes de qualité n'y vont guére, parce qu'elles ont toutes des Chapelles dans leurs Maisons ; mais il y a de certains jours de l'année, où elles ne manquent pas d'y aller. Ceux de la Semaine Sainte en sont, elles y font leurs Stations, & quelquefois elles vont s'y confesser.

L'Eglise de Nôtre Dame d'Atocha, c'est à dire Nôtre Dame du Buisson, est fort belle. Elle est dans l'enceinte d'un vaste Convent, où il y a un grand nombre de Religieux qui ne sortent presque jamais ; c'est une de leurs Observances. Leur vie est

fort

fort auftere ; l'on y vient en devotion de toutes parts ; & lorfque les Rois d'Efpagne ont eu quelque heureux évenement, c'eft le lieu où ils font chanter le *Te Deum*. Il y a une Vierge qui tient le petit Jefus, que l'on dit être miraculeufe. Elle eft noire ; on l'habille fort fouvent en Veuve ; mais aux grandes Fêtes, elle eft richement vêtuë, & fi couverte de Pierreries, qu'il ne fe peut rien voir de plus magnifique. Elle a particulierement un Soleil autour de la tête, dont les rayons jettent un éclat admirable. Elle a toûjours un grand Chapelet dans fa main, ou à fa ceinture. Cette Chapelle eft à côté de la Nef de l'Eglife, dans un lieu qui fembleroit fort fombre, s'il n'y avoit plus de cent groffes Lampes d'Or & d'Argent toûjours allumées. Le Roi y a fon Balçon avec une Jaloufie devant. L'on fe fert dans toutes les Eglifes de certains ronds de Jonc tres-propre, que l'on met fous fes genoux ; & lorfqu'il arrive une Perfonne de qualité, ou une Dame étrangere, le Sacriftain apporte un grand Tapis devant elle, fur lequel il met un Prié Dieu, & des Carreaux, ou bien il la fait entrer dans de petits Cabinets tous peints & dorez, avec des Vîtres autour, où l'on eft fort commodement. Il n'eft point de Dimanches, que l'Autel ne foit éclairé de plus de cent Cierges ; Il eft paré d'une prodigieufe quantité d'Argenterie, & cela eft ainfi dans toutes les Eglifes de Madrid. L'on y fait des Par-

terres

terres de Gazon ornez de Fleurs; on les embellit de quantité de Fontaines, dont l'eau retombe dans des Baſſins, les uns d'Argent, les autres de Marbre ou de Porphire. L'on met autour un grand nombre de gros Orangers, auſſi hauts que des hommes, qui ſont dans de fort belles Caiſſes; & l'on y laiſſe aller des Oiſeaux, qui ſont des manieres de petits Concerts. Cela eſt preſque toute l'Année, comme je viens de vous le repreſenter, & les Egliſes ne ſont jamais ſans Orangers & ſans Jaſmins, qui les parfument bien plus agreablement que l'Encens.

L'on voit, dans la Chapelle de Nueſtra Senora de Almunada, une Vierge, que l'on dit que Saint Jaques apporta de Jeruſalem, & qu'il cacha dans une Tour, laquelle étoit dans l'enceinte de Madrid. Les Mores ayant aſſiegé la Ville, les Habitans ſe trouverent reduits dans une grande famine : De ſorte qu'ils deliberoient de ſe rendre, lorſque l'on trouva cette Tour pleine de Bled; & une telle abondance ne pouvant qu'être l'effet d'un Miracle, le Peuple ravi prit courage, & ſe défendit ſi bien, que les Mores fatiguez de la longueur du Siege, ſe retirerent. On trouva enſuite l'Image de la Vierge, & en reconnoiſſance on lui bâtit une Chapelle, où l'on peignit cette Hiſtoire à freſque ſur les Murs. L'Autel, le Baluſtre, & toutes les Lampes ſont d'Argent maſſif.

Les Minimes ont une Eglife proche de là, dans laquelle eft la Chapelle de Nueftra Señora de la Soledad, où l'on dit le Salut tous les foirs, & c'eft un lieu de grande devotion; j'entens pour les véritables Devots; car il y a bien des perfonnes qui s'y donnent rendez-vous.

La Chapelle de Saint Ifidore paffe toutes les autres en beauté. C'eft le Patron de Madrid, qui n'étoit qu'un pauvre laboureur. Les Murailles de la Chapelle font toutes incruftées de Marbre de plufieurs couleurs, avec des Colonnes de même, & des Figures de quelques Saints. Son Tombeau eft au milieu, & quatre Colonnes de Porphire foûtiennent au deffus une Couronne de Marbre, qui reprefente des Fleurs avec les couleurs qui leur font naturelles; rien ne peut-être mieux travaillé, & l'on peut dire que l'Art a furpaffé la Nature. Les Figures des douze Apôtres ornent au dehors le Dôme de la Chapelle.

J'ai vû à Saint Sebaftien (qui eft à prefent ma Paroiffe) une Chaire que la Reine Mere a fait faire, pour porter le Saint Sacrement aux malades quand il fait mauvais tems; Elle eft de Velours cramoifi en broderie d'Or, couverte de Chagrin, & garnie de Clous d'Or. Le tour eft orné de grandes Glaces, & du milieu de fon Imperiale, il s'éleve une maniere de petit Clocher rempli de plufieurs Clochettes d'Or. Quatre Prêtres la portent, lorfque quel-

que

que Personne de qualité est malade, & demande à recevoir Nôtre Seigneur. Il est suivi de tous les Gens de la Cour. Plus de mille Flambeaux de Cire blanche éclairent, avec divers Instrumens, & l'on s'arrête dans les grandes Places qui sont sur le chemin, pendant que le Peuple à genoux reçoit la Benediction, & que les Musiciens chantent & joüent de la Harpe & de la Guitarre. C'est ordinairement le soir qu'on le porte ainsi avec beaucoup de ceremonie & de respect.

Lorsque l'on doit celebrer quelque Fête dans une Eglise, dés la veille l'on fiche de grandes Perches de terre, au haut desquelles sont des especes de réchaux assez profonds, que l'on emplit de Coupeaux de Bois avec du Souffre & de l'Huile. Cela brûle tres long-tems, & rend une fort grande clarté; l'on forme des Allées avec ces Perches; c'est une sorte d'illumination tres-agreable. L'on s'en sert aussi dans toutes les Rejouïssances publiques.

Les Femmes qui vont à la Messe hors de chez elles, en entendent une douzaine, & marquent tant de distraction, que l'on voit bien qu'elles sont occupées d'autre chose que de leurs Prieres. Elles portent des Manchons qui ont plus d'une grande demie aûne de long, ils sont de la plus belle Marthe Zibeline que l'on puisse voir, & valent jusqu'à quatre & cinq cens Ecus. Il faut qu'elles étendent leurs bras tant qu'elles peuvent, pour mettre seulement le bout de leurs doigts à l'entrée de leurs Manchons. Il me semble que je vous ai déja dit qu'elles sont extrémement petites ; & ces Manchons ne sont guére moins grands qu'elles. Elles portent toûjours un Eventail ; & soit l'Hiver ou l'Eté, tant que la Messe dure, elles s'éventent sans cesse. Elles sont assises dans l'Eglise sur leurs jambes, & prennent du Tabac à tous momens sans se barboüiller comme l'on fait d'ordinaire ; car elles ont pour cela, aussi bien qu'en toute autre chose, des petites manieres propres & adroites. Lorsqu'on leve Nôtre Seigneur, les Femmes & les Hommes se donnent chacun une vingtaine de coups de poing dans la poitrine ; ce qui fait un tel bruit, que la premiere fois que je l'entendis, j'eûs une grande frayeur, & je crûs que l'on se battoit.

Quant aux Cavaliers (je veux parler de ceux qui sont galants de profession, & qui portent un Crespe autour de leur Chapeau) lorsque la Messe étoit finie, ils alloient se ranger autour du Benitier ; toutes les Dames s'y rendoient, ils leur presentoient de l'Eau benite, ils leur disoient en même tems des douceurs: elles y répondoient fort juste en peu de mots : car il faut convenir qu'elles disent précisément ce qu'il faut, & elles n'ont pas la peine de le chercher, leur esprit y fournit sur le champ. Mais Monsieur le Nonce a défendu, sous peine d'ex-
com-

communication, que les Hommes preſen-
tent de l'Eau benite aux Femmes : L'on
dit que cette defenſe eſt intervenuë à la
priere de quelques Maris jaloux. Quoi
qu'il en ſoit, on l'obſerve ; & même elle
porte, que les Cavaliers ne ſe donneront
point d'Eau benite entr'eux.

De quelque qualité que ſoient les Eſpagnolles, elles n'ont jamais de Carreau dans
l'Egliſe, & l'on ne leur porte point la Robe. Pour nous, quand nous y entrons avec
nos Habits à la Françoiſe, tout le Monde
s'aſſemble, & nous environne ; mais ce
qui m'incommode fort, ce ſont les Femmes groſſes, qui ſont beaucoup plus cu-
rieuſes que les autres, & pour leſquelles on
a ici les dernieres complaiſances ; parce-
que l'on pretend que lorſqu'elles veulent
quelque choſe, & qu'on la leur refuſe, il
leur prend auſſi-tôt un certain mal, qui les
fait accoucher d'un Enfant mort : De ſorte
qu'elles ſont en droit de tirailler, de dé-
ganter, & de faire tourner les gens comme
il leur plaît.

Les premiers jours que cela m'arriva,
je n'y entendois point raillerie, & je leur
parlai ſi ſeichement, qu'il y en eut qui ſe
prirent à pleurer, & qui n'oſerent y revenir : Mais il y en avoit d'autres, qui ne ſe
rebutoient point ; elles vouloient voir mes
Souliers, mes Jarretieres, ce que j'avois
dans mes Poches ; & ſur ce que je ne le
ſouſſrois pas, ma Parente me dit, que

ſi le Peuple voyoit cela, il nous jetteroit des pierres, & qu'il falloit que je les laiſſaſſe faire. Les Filles qui me ſervent en ſont encore plus tourmentées que moi ; je n'oſerois vous dire juſqu'où va la curioſité de ces Femmes groſſes.

L'on m'a conté qu'un jeune Homme de la Cour étant éperduëment amoureux d'une fort belle Dame, que ſon Mari gardoit à vûë, & ne pouvant trouver moyen de lui parler, il ſe déguiſa en Femme groſſe, & fut chez elle ; il s'adreſſa au Jaloux, il lui dit, qu'il avoit *Lantojo* (c'eſt le terme) d'entretenir ſa Femme en particulier. Le Mari deçû par la figure, ne mit point en doute que ce ne fut une jeune Femme groſſe, & auſſi tôt il lui fit donner par ſon Epouſe une longue & tres-agreable audience.

Quand il prend envie à ces Femmes groſſes de voir le Roi, elles le lui font dire, & il a la bonté de venir dans un grand Balçon, qui donne ſur la Cour du Palais, il s'y tient autant qu'elles veulent.

Il y a quelque tems qu'une Eſpagnolle nouvellement arrivée de Naples, fit prier le Roi qu'elle le pût voir ; & quand elle l'eût aſſez regardé, tranſportée de ſon zele, elle lui dit en joignant les mains : *Je prie Dieu, Sire, qu'il vous faſſe la grace de devenir un jour Viceroi de Naples.* L'on pretend que l'on fit joüer cette piece, pour informer le Roi que la magnificence du
Vi-

Viceroi d'alors, qui n'étoit pas aimé, paſſoit de beaucoup la ſienne. Il vient trés-ſou-
vent des Dames au Logis que nous ne con-
noiſſons point, & auſquelles ma Parente
fait beaucoup d'honnêtetez, parce qu'elles
ſont groſſes, & qu'il ne faut pas les fâcher.

Graces au Ciel, le Carême eſt paſſé, &
bien que je n'aye fait maigre que la Semaine Sainte, ce tems là m'a paru plus long,
que tout le Carême n'auroit fait à Paris,
parce qu'il n'y a point de beure ici ; celui
que l'on y trouve vient de plus de trente
lieuës, envelopé comme de petites Sauciſ-
ſes dans des Veſſies de Cochon. Il eſt plein
de Vers, & plus cher que le Beure de
Vanvre. L'on peut ſe retrancher ſur l'Huile, car elle eſt excellente, mais tout le monde ne l'aime pas : & moi, par exemple,
je n'en mange point, ſans m'en trouver
fort mal.

Ajoûtez à cela que le Poiſſon eſt trés-ra-
re, il eſt impoſſible d'en avoir de frais qui
vienne de la Mer ; car elle eſt éloignée de
Madrid de plus de quatre-vints lieuës.
Quelquefois l'on y apporte des Saumons,
dont on fait des Pâtez, qui ſe mangent à la
faveur de l'Epice & du Safran. Il y a peu
de Poiſſon d'Eau douce, & l'on ne s'emba-
raſſe guére de tout cela, puiſque perſonne
ne fait Carême, ni Maîtres ni Valets, à
cauſe de la difficulté qu'il y a de trouver dequoi le faire. On prend la Bulle chez Mon-
ſieur le Nonce, qui coûte quinze ſols de

 nôtre

nôtre Monnoye. Elle permet de manger du Beure & du Fromage pendant le Carême, & les Iſſuës les Samedis de toute l'Année. Je trouve aſſez ſingulier que l'on mange ce jour-là les pieds, la tête, les geſiers, & que l'on n'oſe pas manger autre choſe du même animal.

La Boucherie eſt ouverte le Carême comme le Carnaval. C'eſt quelque choſe de bien incommode, que la maniere dont on y vend la Viande : elle eſt enfermée chez le Boucher ; on lui parle au travers d'une petite fenêtre ; on lui demande la moitié d'un Veau, & le reſte à proportion ; il ne daigne pas, ni vous répondre, ni vous donner quoi que ce ſoit ; vous vous retranchez à une Longe de Veau ; il vous fait payer d'avance, & puis vous donne par ſa Lucarne un Gigot de Mouton ; vous le lui rendez, en diſant que ce n'eſt point cela que vous voulez ; il le reprend, & vous donne en la place un Aloyau de Bœuf : L'on crie encore plus fort pour avoir la Longe, il ne s'en émeut pas davantage, jette vôtre Argent, & vous ferme la fenêtre au nez. L'on s'impatiente, l'on va chez un autre qui en fait tout autant, & quelquefois pis ; de ſorte que le meilleur, c'eſt de leur demander la quantité de Viande que l'on veut, & de les laiſſer faire à leur tête. Cette Viande fait mal au cœur, tant elle eſt maigre, ſeiche & noire ; mais telle qu'elle eſt, il en faut moins qu'en France pour fai-

re

re une bonne Soupe. Tout est si nourris-
sant ici, qu'un Oeuf vous profite plus
qu'un Pigeon ailleurs; je croi que c'est un
effet du Climat.

Quant au Vin, il ne me semble point
bon; ce n'est pas de ce Païs-ci que l'on
boit l'excellent Vin d'Espagne, il vient de
l'Andalousie & des Isles Canaries, encore
faut-il qu'il passe la Mer pour prendre cette force & cette douceur qui le rend bon.
A Madrid il est assez fort, & même un peu
trop, mais il n'a point le goût agreable.
Ajoûtez à cela qu'on le met dans des Peaux
de Bouc, qui sont apprêtées, & il sent
toûjours la Poix, ou le brûlé. Je ne suis
pas surprise que les hommes fassent si peu
de débauches avec une telle liqueur. On
en vend pour si peu d'argent que l'on en
veut, pour un Double ou pour deux; mais
celui qui se debite ainsi aux pauvres gens,
devient encore plus mauvais, parce qu'on
le laisse dans de grandes Terrines de Terre
tout le jour à l'air, & l'on en prend là
pour ceux qui en veulent. Il s'aigrit & sent
si fort, qu'en passant devant ces sortes
de Cabarets, l'odeur en fait mal à la tête.

Le Carême ne change rien aux plaisirs;
ils sont toûjours si moderez, ou du moins
ceux que l'on prend sont si peu de bruit,
qu'ils sont de toutes les saisons.

Personne ne se dispense pendant la Semaine Sainte d'aller en Station, particulierement depuis l e Mecredi jusqu'au Ven-
G 7

dredi. Il se passe ces trois jours là des choses bien differentes entre les veritables Penitens, les Amans, & les hypocrites. Il y a des Dames, qui ne manquent point d'aller sous le prétexte de dévotion, en de certaines Eglises où elles sçavent depuis un an entier, que celui qu'elles aiment se trouvera, & bien qu'elles soient accompagnées d'un grand nombre de Dueñas, comme la presse est toûjours grande, l'Amour leur donne tant d'adresse, qu'elles se dérobent en dépit des Argus, & vont dans une Maison prochaine, qu'elles connoissent à quelque enseigne, & qui est loüée exprés, sans servir à personne, que dans ce seul moment. Elles retournent ensuite à la même Eglise, où elles trouvent leurs Femmes occupées à les chercher ; elles les querellent de leur peu de soin pour les suivre ; & le Mari qui a gardé pendant toute l'année sa chere Epouse, la perd dans le tems où elle lui devroit être le plus fidéle : La grande contrainte où elles vivent, leur inspire le desir de s'en affranchir, & leur esprit soûtenu de beaucoup de tendresse, leur donne le moyen de l'executer.

C'est une chose bien desagreable, de voir les Disciplinans. Le premier que je rencontrai, pensa me faire évanoüir : Je ne m'attendois point à ce beau spectacle, qui n'est capable que d'effrayer ; car enfin, figurez-vous un homme qui s'approche si prés qu'il vous couvre toute de son

sang;

fang; c'est là un de leurs tours de galanterie; il y a des Regles pour se donner la
Discipline de bonne grace, & des Maîtres
en enseignent l'Art comme l'on montre à
Danser, & à faire des Armes. Ils ont une
espece de Jupe de Toile de Batiste fort fine,
qui descend jusques sur le Soulier ; elle est
plicée à petits plis, & si prodigieusement
ample, qu'ils y employent jusqu'à cinquante aûnes de Toile. Ils portent sur la tête un bonnet trois fois plus haut qu'un pain
de Sucre, fait de même ; il est couvert
de Toile de Hollande; il tombe de ce Bonnet un grand morceau de Toile qui couvre
tout le visage & le devant du corps; il y a
deux petits trous par lesquels ils voyent, ils
ont derriere leur Camisolle deux grands
trous sur leurs épaules ; ils portent des
Gands & des Souliers blancs, & beaucoup
de Rubans qui attachent les Manches de la
Camisolle, & qui pendent sans être noüez.
Ils en mettent aussi un à leur Discipline ;
c'est d'ordinaire leur Maîtresse qui les honore de cette faveur. Il faut pour s'attirer l'admiration publique, ne point gesti-
culer du bras, mais seulement que ce soit
du poignet & de la main, que les coups se
donnent sans précipitation, & le sang qui
sort ne doit point gâter leur Habit : ils se
font des écorchures effroyables sur les
épaules, d'où coulent des Ruisseaux de
sang; ils marchent à pas comptez dans les
rues : ils vont devant les fenêtres de leurs
Maî·

Maîtreſſes, où ils ſe fuſtigent avec une merveilleuſe patience. La Dame regarde cette jolie Scene au travers des jalouſies de ſa Chambre, & par quelque ſigne elle l’encourage à s’écorcher tout vif, & elle lui fait comprendre le gré qu’elle lui ſçait de cette ſorte de galanterie. Quand ils rencontrent une Femme bien faite, ils ſe frappent d’une certaine maniere qui fait ruiſſeler le ſang ſur elle; c’eſt là une fort grande honnêteté, & la Dame reconnoiſſante les en remercie. Lors qu’ils ont commencé de ſe donner la Diſcipline, ils ſont obligez, pour la conſervation de leur ſanté, de la prendre tous les ans; & s’ils y manquent, ils tombent malades. Ils ont auſſi de petites éguilles dans des éponges, & ils s’en piquent les épaules & les côtez avec autant d’acharnement, que s’ils ne ſe faiſoient point de mal. Mais voici bien autre choſe; c’eſt que le ſoir les perſonnes de la Cour vont auſſi faire cette promenade; ce ſont d’ordinaire de jeunes fous, qui font avertir tous leurs Amis du deſſein qu’ils ont: Auſſi-tôt on va les trouver fort bien armez, le Marquis de Villahermoſa en a été un cette année, & le Duc de Vejar a été l’autre. Ce Duc ſortit de ſa Maiſon ſur les neuf heures du ſoir, il avoit cent Flambeaux de cire blanche, que l’on portoit deux à deux devant lui: Il étoit précédé de ſoixante de ſes amis, & ſuivi de cent autres, qui avoient tous leurs Pages & leurs

La-

Laquais ; cela faiſoit une fort longue pro-
ceſſion. L'on ſçait quand il doit y avoir des
Gens de cette qualité : Toutes les Dames
ſont aux fenêtres avec des Tapis ſur les
Balcons, & des Flambeaux attachez aux
côtez, pour mieux voir, & pour être
mieux vûës. Le Chevalier de la Diſcipline
paſſe avec ſon eſcorte, & ſaluë la bonne
Compagnie ; mais ce qui fait ſouvent le
fracas, c'eſt que l'autre Diſciplinant qui
ſe pique de bravoure & de bon air, paſſe
par la même ruë avec grand monde. Cela
eſt arrivé de cette maniere à ceux que je
viens de vous nommer. Chacun d'eux voulut avoir le haut du pavé, & aucun ne le
voulut ceder.   Les Valets qui tenoient les
Flambeaux ſe les porterent au viſage, &
ſe grillerent la barbe & les cheveux ; les
Amis de l'un tirerent l'épée contre les
Amis de l'autre ; nos deux Heros qui n'a-
voient point d'autres armes que cet inſtru-
ment de Penitence, ſe chercherent ; &
s'étant trouvez, ils commencerent entre-
eux un combat ſingulier : Aprés avoir uſé
leur Diſcipline ſur les Oreilles l'un de l'autre, & couvert la Terre des petits bouts de
corde, dont elles étoient faites, ils s'en-
tredonnerent des coups de poings, comme
auroient pû faire deux Crocheteurs ; cependant, il n'y a pas toûjours de quoi rire
à cette mommerie-là, car l'on s'y bat fort
bien ; l'on s'y bleſſe, l'on s'y tuë, & les
anciennes inimitiez trouvent lieu de ſe re-
nou-

nouveller & de se satisfaire. Enfin, le Duc de Vejar ceda au Marquis de Villahermosa; l'on ramassa les Disciplines rompuës, que l'on racommoda comme on pût; le grand Bonnet qui étoit tombé dans le ruisseau, fut décroté & remis sur la tête du Penitent; l'on emporta les blessez chez eux. La Procession recommença de marcher plus gravement que jamais, & parcourut la moitié de la Ville.

Le Duc avoit bien envie le lendemain de prendre sa revanche; mais le Roi lui envoya défendre, & au Marquis de sortir de leurs Maisons. Pour revenir à ce que l'on fait dans ces occasions; vous sçaurez que lors que ces grands Serviteurs de Dieu sont de retour chez eux, il y a un repas magnifique préparé, de toutes sortes de Viandes, & vous remarquerez que c'est un des derniers jours de la Semaine Sainte; mais aprés une si bonne œuvre, ils croyent qu'il leur est permis de faire un peu de mal: d'abord le Penitent se fait froter fort long-tems les épaules avec des éponges trempées dans du Sel & du Vinaigre, de peur qu'il n'y reste du sang meurtri; ensuite il se met à table avec ses amis, & reçoit d'eux les loüanges & les applaudissemens qu'il croit avoir bien meritez: Chacun lui dit à son tour, que de memoire d'homme, on n'a pas vû prendre la Discipline de si bonne grace. On exagere toutes les actions qu'il a faites, & sur tout le bonheur de la Dame

pour

pour laquelle il a fait cette galanterie. La nuit entiere s'écoule en ces fortes de contes ; & quelquefois celui qui s'est si bien étrillé en est tellement malade, que le jour de Pâques il ne peut aller à la Messe. Ne croyez pas au moins que je m'avise d'embellir l'Histoire pour vous réjoüir, tout cela est vrai à la lettre, & je ne vous mande rien que vous ne puissiez verifier par toutes les personnes qui ont été à Madrid.

Mais il y a de veritables Penitens, qui font une extrême peine à voir : Ils sont vêtus tout de même que ceux qui se disciplinent, excepté qu'ils sont nuds depuis les épaules jusqu'à la ceinture, & qu'une natte étroite les emmaillote & les serre à tel point, que ce qu'on voit de leur peau est tout bleu & tout meurtri ; leurs bras sont entortillez de la même natte, & tout étendus. Ils portent jusqu'à sept épées passées dans leur dos & dans leurs bras, qui leur font des blessures dés qu'ils se remüent trop fort ou qu'ils viennent à tomber ; ce qui leur arrive souvent, car ils vont nuds pieds, & le pavé est si pointu que l'on ne peut se soûtenir dessus sans se couper les pieds. Il y en a d'autres, qui au lieu de ces épées portent des Croix si pesantes qu'ils en sont accablez ; & ne pensez pas que ce soient des personnes du commun, il y en a de la premiere qualité. Ils sont obligez de se faire accompagner par plusieurs de leurs Domestiques qui sont déguisez, & le visage est

cou-

couvert de peur qu'on ne les connoisse. Ces gens portent du Vin, du Vinaigre, & d'autres choses, pour en donner de tems en tems à leur Maître, qui tombe bien souvent comme mort, de la peine & de la fatigue qu'ils souffrent. Ce sont d'ordinaire les Confesseurs qui enjoignent ces Penitences, & l'on tient qu'elles sont si rudes, que celui qui les fait ne passe point l'année. Monsieur le Nonce m'a dit qu'il avoit fait défense à tous les Confesseurs de les ordonner; cependant j'en ai vû plusieurs, & apparemment cela venoit de leur propre dévotion.

Depuis les premiers jours de la Semaine Sainte jusqu'à la Quasimodo, l'on ne peut sortir sans trouver un nombre infini de Penitens de toutes les sortes; & le Vendredi Saint ils se rendent tous à la Procession. Il n'y en a qu'une generale dans la Ville, composée de toutes les Paroisses, & de tous les Religieux. Ce jour-là, les Dames sont plus parées qu'à celui de leurs Nôces; elles se mettent sur leurs Balcons, qui sont ornez de riches Tapis, & de beaux Careaux; elles sont quelquefois cent dans une seule Maison. La Procession se fait sur les quatre heures du soir, & à huit elle n'est pas finie; car je ne vous puis dire le nombre innombrable de monde que j'y ai vû, à compter depuis le Roi, Don Juan, les Cardinaux, les Ambassadeurs, les Grands, les Courtisans, & toutes les personnes de la

Cour

Cour & de la Ville ; chacun tient un Cierge, & chacun a ses Domestiques en très-grand nombre, qui portent des Torches ou des Flambeaux. L'on voit à cette Procession toutes les Bannieres & les Croix couvertes de Crespe ; il y a un trés grand nombre de Tambours, qui en sont couverts de même, & qui battent comme à la mort d'un General : les Trompettes sonnent des airs tristes : la Garde du Roi composée de quatre Compagnies de differentes Nations, sçavoir, de Bourguignons, d'Espagnols, d'Allemands, & de la Lancille, porte ses Armes couvertes de Deüil, & les traîne par terre. Il y a de certaines Machines qui sont élevées sur des Theatres, qui representent les Misteres de la Vie & de la Mort de Nôtre Seigneur ; les Figures sont de grandeur naturelle, trés mal faites & trés mal habillées ; il y en a de si pesantes, qu'il faut cent hommes pour les porter, & il en passe un nombre surprenant ; car chaque Paroisse a les siennes. Je remarquai la Sainte Vierge, qui fuyoit en Egypte ; elle étoit montée sur un Asne tres bien caparassonné ; la Housse étoit toute brodée de belles Perles ; la Machine étoit grande & fort lourde.

L'on apprehende ici que l'on ne manque quelquefois à faire ses dévotions à Pâques ; c'est pourquoi un Prêtre de chaque Paroisse va dans les Maisons sçavoir du Maître combien il y a de Communians chez lui : Lors qu'il en est informé, il l'écrit sur son Registre ;

giftre; quand on a communié, l'on donne un petit Billet imprimé qui en fait foi. A la Quafimodo l'on va dans toutes les Maifons querir les Billets que l'on doit avoir, fuivant le premier Memoire ; & fi l'on ne peut les fournir, l'on fait une exacte perquifition de celui ou de celle qui n'a pas communié. En ce tems-là, les Pauvres qui font malades mettent un Tapis à leurs Portes, & on leur porte la Communion avec une Proceffion fort belle & fort dévote.

Depuis que je fuis à Madrid, je n'ai guére vû d'Enterremens magnifiques, excepté celui d'une Fille du Duc de Medina Celi. Son Cercueil étoit d'un Bois rare des Indes, mis dans un Sac de Velours bleu, croifé de bandes de Moire d'Argent, des Cordons de Fil d'Argent, & les Glans de même attachoient leSac par les deux bouts, comme une Valife faite d'Etoffe. Le Cercueil étoit dans un Chariot couvert de Velours blancs, avec des Feftons & des Couronnes de Fleurs artificielles tout autour. On la portoit ainfi à Medina-Celi, Ville capitale du Duché de ce nom.

Ordinairement on habille les Morts des Habits de quelque Ordre Religieux, & on les porte le vifage découvert jufques dans l'Eglife où ils doivent être inhumez. Si ce font des Femmes ; on leur met l'Habit de Carmelite. Cet Ordre eft en grande veneration ici, les Princeffes du Sang s'y retirent.

rent. Les Reines même, lorſqu'elles deviennent Veuves, ſont obligées d'y paſſer le reſte
de leur vie, à moins que le Roi n'en ait
ordonné autrement avant ſa mort, comme
fit Philippe IV. en faveur de la Reine Marie
Anne d'Autriche ſa femme. Et à l'égard
d'une Reine repudiée, il faut auſſi qu'elle ſe
mette en Religion ; car repudiées, ou Veuves, elles n'ont point la liberté de ſe rema-
rier.

Les Rois d'Eſpagne ſe tiennent ſi fort au
deſſus des autres Rois, qu'ils ne veulent pas
qu'une Princeſſe qui a été leur Epouſe, le
devienne jamais d'un autre, en eût-elle la
plus grande paſſion du Monde.

Don Juan a une Fille naturelle Religieu-
ſe Carmelite de Madrid. Elle eſt d'une
beauté admirable, & l'on dit qu'elle n'avoit
aucune envie de prendre le Voile ; mais ç'a
été ſa deſtinée, & c'eſt celle de bien d'autres de ſa qualité, qui n'en ſont guére plus
contentes qu'elle.

On les nomme les Deſcalças Reales, qui
veut dire les Déchauſſées Royales. Cela
s'étend même juſqu'aux Maîtreſſes du Roi,
ſoit qu'elles ſoient Filles ou Veuves; quand
il ceſſe de les aimer, il faut qu'elles ſe faſ-
ſent Religieuſes.

J'ai vû quelques-unes des Oeuvres de
Sainte Tereſe, écrites de ſa propre main;
ſon caractere eſt liſible, grand, & me-
diocrement beau. Doña Beatrix Carillo,
qui eſt ſa petite Niéce, les garde fort pre-
cieuſe-

cieuſement. C'eſt elle qui me les a mon-
trées. Ce ſont des Lettres dont on a fait
un Recueil ; je ne croi pas qu'on les ait jamais imprimées ; elles ſont parfaitement
belles, & l'on voit dans toutes un certain
air de gayeté & de douceur, qui marque
beaucoup le caractere de cette grande Sainte.

Pendant le Carême, & même dans les
autres tems, l'on trouve des Prédicateurs
à chaque coin de Ruë, qui font là des Ser-
mons fort mal étudiez, & qui font auſſi
fort peu de fruit ; mais du moins ils contentent & leur zele & leur deſir de prêcher.
Leurs plus fideles Auditeurs ſont les Aveugles, qui tiennent lieu ici de nos Chan-
teurs du Pont neuf. Chacun d'eux conduit
par un petit Chien, qui les meine fort bien,
va chantant des Romances & des Cacara
(ce ſont des vieilles Hiſtoires ou des Evene-
mens modernes que le Peuple eſt bien-aiſe
de ſçavoir) ils ont un petit Tambour & une
Flûte dont ils joüent. Ils diſent ſouvent la
Chanſon du Roi François Premier. *Quand
le Roi partit de France, A la malheur il
en partit, &c.* Vous la ſçavez aſſurément,
ma chere Couſine, car qui ne la ſçait pas ?
Cette Chanſon eſt chantée en fort mauvais
François par des Gens qui n'en entendent
pas un ſeul mot ; tout ce qu'ils en ſçavent,
c'eſt que le Roi fut pris par les Eſpagnols ;
& comme cette priſe eſt fort à leur gloire,
ils en veulent faire paſſer le ſouvenir à leurs
En-

Enfans. Il y a une Fleur de Lys toute dorée sur le haut de la Chambre où ce Roi étoit prisonnier, & je ne dois pas oublier de vous dire, que la Prison est un des plus beaux Bâtimens de Madrid ; les Fenêtres en sont aussi larges que celles des autres Maisons. A la verité il y a des Barreaux de Fer, mais ils sont tous dorez, & d'une distance assez éloignée, pour ne pas faire soupçonner qu'on les a mis là pour empêcher qu'on ne se sauve. Je demeurai surprise de la propreté apparente d'un lieu si desagreable en effet, & je pensai que l'on vouloit démentir en Espagne le Proverbe François, qui dit, *Qu'il n'y a point de belles Prisons, ni de laides Amours.* Pardonnez-moi ce Proverbe, je ne les aime pas assez pour vous en étourdir souvent.

Tous les Meubles que l'on voit ici sont extrémement beaux, mais ils ne sont pas faits si proprement que les nôtres, & il s'en faut tout qu'ils ne soient si bien entendus. Ils consistent en Tapisseries, Cabinets, Peintures, Miroirs, & Argenteries. Les Vicerois de Naples, & les Gouverneurs de Milan ont apporté d'Italie de trés-excellens Tableaux ; les Gouverneurs des Païs-Bas ont eû des Tapisseries admirables ; les Vicerois de Sicile & de Sardaigne, des Broderies & des Statuës ; ceux des Indes, des Pierreries & de la Vaisselle d'Or & d'Argent. Ainsi chacun revenant de tems en tems chargé des Richesses d'un Royaume, ils ne peuvent pas manquer d'avoir enrichi cette Ville de quantité de choses précieuses.

L'on change de Meubles plusieurs fois l'Année ; les Lits d'Hiver sont de Velours, chamarez de gros Galons d'Or ; mais ils sont si bas, & les Pantes si hautes, que l'on est comme enseveli dedans ; & lorsque l'on y est couché, les Crepines de la Pente descendent presque sur la Courte-pointe ; de maniere que l'on a de la peine à vous voir dedans. L'on n'a l'Eté ni rideaux, ni quoi que ce soit autour de son Lit; cela est de fort méchante grace. L'on y met quelquefois de la Gaze de couleur, pour garantir des Moucherons.

L'on passe l'Hiver dans les Appartemens hauts, & l'on monte quelquefois jusqu'au quatriéme Etage, selon le froid qu'il fait, pour s'en garantir. L'on occupe à present les Appartemens d'Eté, qui sont bas & fort commodes. Toutes les Maisons ont beaucoup de pleinpied ; l'on passe douze ou quinze Sales ou Chambres tout de suite. Ceux qui sont les moins bien logez en ont six ou sept; les pieces sont d'ordinaire plus longues que larges; les Plafonds ne sont ni peints, ni dorez, ils sont de Plâtre & tout unis, mais d'une blancheur à ébloüir : car tous les ans on les gratte, & on les reblanchit aussi-bien que les Murailles, qui semblent être de Marbre, tant elles sont polies. Le Carreau des Appartemens d'Eté est fait d'une certaine matiere, qui aprés que l'on

a jeta jetté dessus dix seaux d'eau, seiche au bout d'une demie heure, & laisse une fraîcheur agréable ; de sorte que le matin l'on arrrose tout, & peu aprés l'on étend des Tapis d'un Jonc fort fin, mêlé de differentes couleurs, qui couvre le pavé. L'Appartement est tapissé de ce même Jonc de la hauteur d'une aûne, pour empêcher que la fraîcheur des Murailles n'incommode ceux qui s'y appuyent. Il y a au dessus de ce Jonc, des Tableaux & des Miroirs. Les Carreaux de Brocart Or & Argent sont placez sur les Tapis, avec des Tables & des Cabinets trés-beaux ; & d'espace en espace, des Caisses d'argent remplies d'Orangers & de Jasmins. L'on met des Paillassons aux fenêtres, qui garantissent du Soleil, & l'on se promene sur le soir dans les Jardins. Il y a plusieurs Maisons qui en ont de fort beaux, où l'on trouve des Grottes & des Fontaines en grande quantité ; car les eaux sont ici en abondance, & fort bonnes. L'on compte dans le nombre de ces belles Maisons, celle du Duc d'Ossone, de l'Amirante de Castille, de la Comtesse d'Ognate, & du Connêtable de Castille : mais j'ai tort de vouloir vous les specifier, car il est constant qu'il y en a une quantité trés-considerable.

Au reste, il me semble qu'aprés toutes les précautions que je voy qu'on prend, la chaleur, quelque excessive qu'elle soit, ne peut incommoder ; nous le verrons. Ne penſez pas, s'il vous plaît, qu'il n'y ait que les grands Seigneurs qui occupent des Appartemens bas, chacun veut avoir le ſien, à la verité ſelon ſon pouvoir ; mais ne fut-ce qu'une petite Cave, ils y demeurent de bon cœur.

Il y a peu de menu Peuple dans Madrid, & l'on n'y voit guére que des Perſonnes de qualité. Si l'on en excepte ſept ou huit Ruës pleines de Marchands, vous ne trouvez aucunes Boutiques dans cette Ville, ſi ce ne ſont celles où ſe vendent les Confitures & les Liqueurs, les Eaux glacées & la Pâtiſſerie.

Je ne veux pas ômettre de vous dire, que mille gens ont des Dais ici ; car ſans compter les Princes & les Ducs, les Titrez (dont il y a grand nombre) en ont auſſi. Les Titrez ſont ce qu'on appelle les Grands d'Eſpagne, les vrais Marquis, & les vrais Comtes. S'il y a trente Chambres de plein-pied chez eux, vous y verrez trente Dais. Ma Parente en a vingt chez elle. Le Roi l'a faite Marquiſe de Caſtille. Vous ne ſçauriez croire comme je tiens bien ma gravité ſous un Dais, particulierement quand on m'apporte mon Chocolat ; car trois ou quatre Pages vêtus de noir comme de vrais Notaires me ſervent à genoux. C'eſt une Coûtume à laquelle j'ai eu peine à m'accoûtumer, parce qu'il me ſemble que ce reſpect ne devroit être rendu qu'à Dieu ; mais cela eſt tellement d'uſage ici, que ſi un apprentif Savetier preſentoit une Savatte à ſon Maître, il mettroit le genoüil en terre. Cette qualité de Titulos donne beaucoup de Privileges, dont je vous ai déja parlé, & particulierement celui d'avoir un Dais. L'on ne met point de Baluſtres autour du Lit.

Je

Je vous l'ai déja dit, ma chere Couſine, il s'en
faut beaucoup que nous ne ſoyons ſi bien meu-
blez en France, que les Perſonnes de qualité le
ſont ici, principalement en Vaiſſelle d'Argent.
C'eſt une difference ſi notable, qu'on ne la croiroit pas ſi on ne la voyoit. L'on ne ſe ſert point de
Vaiſſelle d'Etain, celle d'Argent ou de Terre,
ſont les ſeules qui ſoient en uſage ; & vous ſçau-
rez que les Aſſiettes ici ne ſont guere moins pe-
ſantes que les Plats en France ; car tout eſt d'une
peſanteur ſurprenante.

Le Duc d'Albuquerque eſt mort il y a déja
quelque tems : l'on m'a dit que l'on avoit employé ſix Semaines à écrire ſa Vaiſſelle d'Or &
d'Argent, & à la peſer ; pendant ce tems l'on y
paſſoit chaque jour deux heures entieres ; cela
ne ſe faiſoit qu'à gros frais. Il y avoit entre autres
choſes quatorze cens douzaines d'Aſſiettes, cinq
cens grands Plats, & ſept cens petits : tout le
reſte à proportion ; & quarante Echelles d'Argent pour monter juſqu'au haut de ſon Buffet,
qui étoit par Gradins comme un Autel placé dans
une grande Salle. Quand on me dit cette opulen-
ce d'un particulier, je crûs que l'on ſe mocquoit
de moi ; j'en demandai la confirmation à Don
Antoine de Tolede, Fils du Duc d'Albe, qui
étoit au Logis : Il m'aſſura que c'etoit une verité, & que ſon Pere, qui ne s'eſtimoit pas riche
en Vaiſſelle d'Argent, avoit ſix cens douzaines
d'Aſſiettes d'Argent, & huit cens Plats : C'eſt
une choſe qui ne leur eſt guere neceſſaire pour les
grands repas qu'ils ſont, à moins que ce ne ſoit
aux Mariages, où tout eſt fort magnifique. Mais
ce qui cauſe cette abondance de Vaiſſelle ; c'eſt
qu'on l'apporte toute faite des Indes, & qu'elle
ne paye point de droits au Roi. Il eſt vrai qu'elle
n'eſt guere mieux faite que les Pieces de quatre
Piſtoles, que l'on frappe dans les Galions en revenant de ce Païs-là.

C'eſt une choſe digne de compaſſion que le
H 3

mauvais ménage des grands Seigneurs : Il y en a beaucoup qui ne veulent point aller dans leurs Etats (c'est ainsi qu'ils nomment leurs Terres, leurs Villes, & leurs Châteaux) ils passent leur vie à Madrid, & se rapportent de tout à un Intendant, qui leur fait croire ce qu'il juge le plus à propos pour son profit. Ils ne daignent pas seulement s'informer s'il dit vrai, ou s'il ment ; cela seroit trop exact, & par consequent au dessous d'eux. Voilà deja une faute bien considerable ; cette profusion de Vaisselle pour mettre deux œufs & un Pigeon, en est une autre.

Mais ce n'est pas seulement sur ces choses-là qu'ils manquent, c'est aussi sur la dépense journaliere de leur Maison ; l'on ne sçait ce que c'est que de faire des Provisions de quoi que ce puisse être ; l'on va querir chaque jour ce qu'il faut, & le tout à credit, chez le Boulanger, le Rôtisseur, le Boucher, & ainsi des autres : L'on ignore même ce qu'ils ecrivent sur leurs Livres, & ce qu'ils donnent ils le mettent au prix qu'ils veulent ; cela n'est ni examiné ni contrarié. Il y a souvent cinquante Chevaux dans une Ecurie, qui n'ont ni Paille, ni Avoine ; ils perissent de faim ; Et lors que le Maître est couché, s'il se trouvoit mal la nuit, l'on y seroit bien empêché : car il ne reste chez lui ni Vin, ni Eau, ni Charbon, ni Bougie ; en un mot, rien du tout ; parce qu'encore que l'on ne prenne pas les choses si justes qu'il n'en demeure, les Domestiques ont la coûtume d'emporter ce surplus chez eux, & le lendemain on recommence la même provision.

L'on ne tient pas une meilleure conduite avec les Marchands : un Homme, ou une Femme de qualité, aimeroit mieux mourir, que de marchander une Etoffe, des Dentelles, ou des Bijoux, ni de reprendre le reste d'une Piece d'Or ; ils le donnent encore au Marchand pour sa peine de leur avoir vendu dix Pistolles ce qui n'en vaut

pas

pas cinq. S'ils ont un prix raisonnable, c'est que celui qui leur vend a la conscience assez bonne, pour ne se prévaloir pas de leur facilité à donner tout ce qu'on leur demande ; & comme ils ont credit des dix années de suite sans penser à payer, ils se trouvent à la fin accablez de leurs dettes.

Il est fort rare qu'ils s'embarquent dans de longs Procès, & qu'ils laissent decreter leurs Biens ; ils s'executent eux-mêmes ; ils assemblent leurs Creanciers, & ils leur donnent une certaine quantité de Terres, dont ils joüissent pendant un tems : Quelquefois ils cedent tout, & gardent une pension viagere, qui ne peut être arrétée par les Creanciers qui pourroient dans la suite leur prêter quelque chose ; mais afin qu'ils n'y soient pas trompez, l'on affiche les conventions du Seigneur & des Creanciers.

Tout le papier de chicanne est marqué, & coûte plus que le commun. Il y a un certain tems où l'on fait la distribution des Procès ; on les instruit à Madrid, & l'on n'y en juge guere ; l'on met toutes les Pieces d'une Partie dans un Sac ; celles de l'autre dans un autre, l'instruction dans un troisiéme ; & quand le tems de distribuer les Procès est venu, on les envoye aux Parlemens éloignez ; de maniere que l'on est bien souvent juge sans en sçavoir rien ; l'on écrit sur un Registre, où le Procès a été envoyé, & on le tient fort secret. Quand l'Arrêt est prononcé, on le renvoye à Madrid ; & on le signifie aux Parties. Cela épargne bien des peines & des solicitations, qui devroient ce me semble être toûjours défenduës. Quant aux affaires que l'on a ici, elles sont d'une longueur mortelle, soit à la Cour, soit à la Ville, & ruinent en peu de tems. Les Praticiens Espagnols sont grands Fripons de leur Métier.

Il y a plusieurs Conseils differens, tous composez de Personnes de qualité, & la plûpart sont Conseillers d'Epée. Le premier est le Conseil

d'Etat,

d'Etat, les autres s'appellent Conseil Suprême de Guerre, Conseil Royal de Castille, Alcaldes de Cour, Conseil de la Sainte Inquisition, Conseil des Ordres, Conseil Sacré Suprême & Royal d'Arragon, Conseil Royal des Indes, Conseil de la Chambre de Castille, Conseil d'Italie, Conseil des Finances, Conseil de la Croisade, Conseil de Flandres, Chambre pour le Droit des Maisons, Chambre pour les Bois de sa Majesté, Chambre des Millions.

L'on a si peu d'œconomie ici, que lors qu'un Pere meurt, & qu'il laisse de l'Argent comptant, & des Pupilles, l'on enferme l'Argent dans un bon Coffre, sans le faire profiter : Par exemple, le Duc de Frias, dont la Veuve est remariée au Connêtable de Castille, a laissé trois Filles, & six cens mille Ecus comptant ; on les a mis dans trois Coffres, avec le Nom de chacune des petites Filles. L'aînée n'avoit pas sept ans ; elle est mariée à present en Flandres au Prince de Ligne. Les Tuteurs ont toûjours gardé les Clefs de ces Coffres, & n'ont ouvert celui de l'aînée que pour en compter l'argent à son mari. Voyez quelle perte d'interêts ; mais ils disent que ce seroit bien pis s'ils venoient à perdre le principal, que l'on croit quelquefois l'avoir bien placé, & qu'il l'est fort mal ; qu'une Banqueroute fait tout perdre, & qu'ainsi il vaut mieux ne rien gagner, que de hazarder le bien des Pupilles.

Il est tems que je finisse, ma chere Cousine, je craindrois de vous fatiguer par une plus longue Lettre ; je vous supplie de faire rendre toutes celles que je vous envoye, & de me pardonner la liberté que je prens. Adieu ; je vous embrasse, & je vous aime toûjours de tout mon cœur.

. A Madrid ce 27. Avril 1679.

Fin du Second Tome.